Le guide alimentaire DE LA FUTURE MAMAN

**À Andrea Fusco, mon compagnon,
pour sa présence et son soutien
au cours de l'écriture de ce livre
(et dans tous mes projets !)**

AVERTISSEMENT

Les renseignements contenus dans ce livre sont donnés à titre informatif. Ils ne sont pas destinés à remplacer un avis médical ou une prescription et ne doivent pas être utilisés pour diagnostiquer ou traiter un problème de santé. Toutes les questions concernant votre santé requièrent une supervision médicale. L'auteur et l'éditeur déclinent toute responsabilité en cas d'événement dommageable qui pourrait être lié à l'utilisation des informations contenues dans ce livre.

Conception graphique et réalisation : David Cosson – dazibaocom.com
Infographies : David Cosson
Photos de couverture : © Shutterstock
Photos intérieures : © Magali Walkowicz

ISBN : 978-2-36549-515-8
ISBN ebook : 978-2-36549-516-5
Dépôt légal : 4e trimestre 2021

Imprimé et façonné en France sur les presses de l'imprimerie Corlet, à Condé-en-Normandie
N° d'imprimeur : 21100296

PEFC 10-31-1510 IMPRIM'VERT®

MAGALI WALKOWICZ

Le guide alimentaire DE LA FUTURE MAMAN

SOMMAIRE

INTRODUCTION

Bientôt un bébé, un nouveau petit être dans votre vie ! C'est un bouleversement physique autant qu'émotionnel. La venue de cet enfant, tous les changements qui se profilent pour vous dans les jours, les semaines, les mois à venir, se préparent dès le premier jour de grossesse, et même dès que vous avez pris la décision de concevoir ! Car plus tôt vous mettez en place vos nouvelles habitudes alimentaires et d'hygiène de vie, plus la transition sera facile et plus les bienfaits pour votre santé et celle de votre bébé seront conséquents ! Mon but est donc de vous accompagner en douceur, pas à pas, dans ces changements. Bienvenue dans le monde de l'alimentation prénatale.

LES 1 000 PREMIERS JOURS

Connaissez-vous le concept des « 1 000 premiers jours » ? Il est pour moi essentiel que celui-ci introduise ce livre car c'est ce concept, popularisé par l'Unicef, qui m'a poussée à l'écrire. Les 1 000 jours en question couvrent la période de la conception jusqu'aux deux premières années de vie de l'enfant. Ces 1 000 jours sont absolument déterminants pour son développement et sa santé à court terme mais également à l'âge adulte. Les conclusions d'une série d'articles publiés en 2016 dans la revue *The Lancet* le prouvent[1]. Ces études montrent que le régime alimentaire que vous suivez pendant votre grossesse influence directement le développement des organes et des fonctions biologiques de votre bébé. C'est ce qui s'appelle la « programmation fœtale ».

Désormais, lorsque vous mangerez, vous prendrez autant soin de votre bébé que de vous. C'est en quelque sorte d'ailleurs le seul moment de votre vie où ce que vous mangerez aura des répercussions directes sur un autre être.

LA MALNUTRITION, DE PLUS EN PLUS FRÉQUENTE

La malnutrition de la maman est un stress pour le bébé. Quand je fais référence à un état de malnutrition, je n'évoque pas le manque de nourriture, ni le faible apport calorique, mais une alimentation pauvre en nutriments, vitamines et antioxydants. Cette forme de malnutrition existe bel et bien dans les pays développés comme le nôtre, y compris dans des familles qui ont un budget mensuel élevé pour la nourriture, car notre quotidien est envahi d'aliments ultratransformés de piètre qualité nutritionnelle. Une alimentation carencée et déséquilibrée a de multiples incidences. Elle pourrait affaiblir le système immunitaire du bébé par exemple. Or, une réponse immunitaire plus faible durant l'enfance et l'adolescence, c'est une plus grande prédisposition aux maladies[2,3]. Nous verrons dans ce livre plus en détail pourquoi vous devez à présent manger non seulement pour vous, pour les besoins de votre propre organisme, mais aussi pour les siens. Cela compte autant que la première nourriture que vous lui donnerez lorsqu'il naîtra.

Vous avez entre vos mains le pouvoir de poser pour lui la première pierre de sa vie en santé, de participer à la prévention des maladies et à sa longévité[4]. C'est le premier geste d'une maman qui prend soin de son enfant.

PRÉVENIR LE DIABÈTE GESTATIONNEL ET MAÎTRISER SON POIDS

Un trouble particulier mérite qu'on s'y attarde car il est de plus en plus fréquent. Il s'agit du diabète gestationnel – sujet abordé dans la deuxième partie de ce livre. En France, une femme sur dix serait concernée. Il touche préférentiellement les femmes en surpoids et/ou prédisposées au diabète. Ce diabète transitoire qui survient durant la grossesse (au cours du 2e trimestre) doit être pris très au sérieux car il comporte un risque de complications pour la mère et l'enfant. Il doit absolument être pris en charge et nécessite des conseils alimentaires adaptés au premier rang desquels la réduction des glucides.

En tant que spécialiste des régimes alimentaires pauvres en glucides dits *low carb*, m'appuyant sur les études scientifiques les plus récentes, je vous expliquerai comment modifier votre alimentation pour mettre toutes les chances de votre côté et éviter d'avoir recours aux médicaments. Je vous dirai comment utiliser les vrais aliments et vous donnerai des conseils simples sur le mode de vie pour vivre une grossesse harmonieuse et sans diabète gestationnel.

Ces mêmes conseils qui reposent sur la réduction des glucides s'adressent à toutes celles qui veulent limiter les kilos sur la balance parce que leur génétique fait que ces kilos justement arrivent très vite, voire beaucoup trop vite.

UN GUIDE AVANT TOUT POUR VOUS SIMPLIFIER LA VIE

Dans ce livre, vous l'aurez compris, je traiterai donc exclusivement de la période qui précède la naissance jusqu'à l'allaitement. Votre bébé compte, mais vous aussi. C'est pourquoi une part importante de mon propos vous sera consacrée. En effet, il est indispensable que vous vous sentiez bien durant votre grossesse, d'un point de vue moral autant que physique.

Mon objectif est donc double : vous apprendre à manger le mieux possible pour faire du bien à votre bébé et à vous-même. Il est aussi de vous simplifier les choses, afin que la crainte de mal faire ne prenne pas le pas sur le plaisir de manger. C'est un point très important pour moi.

Une fois enceinte, votre organisme va avoir besoin de plus d'énergie (ce qui ne signifie pas manger double ration !), et de nutriments particuliers. Il est donc primordial de faire de bons choix alimentaires au fil des mois. Dans la troisième et dernière partie du livre, je vous proposerai donc **un plan alimentaire mois par mois**, avec des recettes mais également des menus et des conseils de supplémentation. Vous n'aurez qu'à suivre le guide.

ATTENTION, LES CONSEILS ALIMENTAIRES DE CE LIVRE VONT PEUT-ÊTRE VOUS SURPRENDRE

Il se peut que vous soyez déroutée par certains conseils que je vais vous donner car ils seront en contradiction avec ceux qui sont donnés habituellement aux femmes enceintes. Les recommandations nutritionnelles officielles destinées aux futures mamans sont bien intentionnées mais elles sont parfois dépassées ou ne sont pas toujours fondées sur des preuves. Elles sont inchangées depuis des décennies alors que les derniers résultats de la recherche scientifique dans ce domaine appelleraient leur révision. Certaines d'entre elles sont clairement obsolètes, à commencer par le conseil très vague « manger de tout modérément », qui, selon moi, ne devrait plus être donné aux femmes enceintes. En effet, tous les aliments ne se valent pas, et certains méritent d'être privilégiés par rapport à d'autres. Plus que « manger de tout modérément », il s'agit davantage d'apprendre à bien choisir les aliments, ceux qui vont vous apporter les nutriments, les vitamines et minéraux indispensables au bon déroulé de votre grossesse.

Examinons ensemble ces recommandations alimentaires plus en détail[5].

- **Cinq fruits et légumes par jour.** Cette recommandation vous laisse le choix de consommer n'importe quel fruit ou légume sans préciser lesquels. Vous risquez donc, si vous optez pour les fruits et légumes les plus riches en glucides, de voir votre glycémie monter en flèche, ce qui, dans certains cas, peut avoir des conséquences délétères que je détaillerai page 59. La recommandation la plus pertinente en cette période de votre vie serait de consommer au moins 10 végétaux par jour (en y incluant les épices, herbes aromatiques), principalement des légumes (car ils sont bien moins glucidiques que les fruits avec un apport en vitamines, minéraux, fibres, molécules antioxydantes similaires) et un fruit par jour, en optant pour le moins sucré.

- **Du pain, des céréales et d'autres sucres lents à chaque repas selon votre appétit.** C'est la recommandation qui me gêne le plus car elle peut mener droit au diabète gestationnel et à une importante prise de poids qui peut être lourde de conséquences comme je l'explique page 60. Les féculents, c'est éventuellement une fois par jour, et uniquement à grains entiers, non transformés par l'industrie (comme le riz complet, l'épeautre complet, les légumineuses, les patates douces, par exemple).

- **Des produits laitiers trois fois par jour.** À cette fréquence, leur pouvoir insulinogène peut faire prendre du poids et aggraver un éventuel diabète gestationnel. L'école de santé publique de Harvard recommande de consommer de zéro à deux produits laitiers maximum par jour. Il n'est pas gênant d'éviter les produits laitiers si vous ne les tolérez pas car vous pouvez trouver du calcium dans bien d'autres aliments comme cela est détaillé page 42 de ce livre. Et si vous en consommez, proscrivez les produits allégés en matières grasses car ce sont des aliments ultratransformés et optez pour ceux au lait entier, de préférence de chèvre ou de brebis, et bios.

- **Il est important également de limiter sa consommation de matières grasses, de sel et de produits sucrés.** Si le point concernant les produits sucrés est tout à fait pertinent et j'y souscris, en revanche les deux premiers posent problème selon moi. En effet, ce n'est pas la quantité de gras qui importe dans l'alimentation de la femme enceinte mais la qualité de ce gras. N'oubliez pas que votre corps est en train de participer à la construction d'un petit cerveau qui a un besoin énorme en graisses de bonne qualité. C'est donc la qualité du gras que vous consommez que vous devez regarder : ne surconsommez pas d'oméga-6 (huiles raffinées de tournesol, de maïs, par exemple) et veillez plutôt à avoir une consommation suffisante d'oméga-3 – en mangeant des oléagineux, des poissons gras, de l'huile de colza vierge –, d'oméga-9 en consommant de l'huile d'olive vierge, de noisette, d'avocat, de la graisse de canard, etc. À la page 68, vous bénéficierez de tous mes conseils pour faire les bons choix. Pour ce qui est du sel, dans le cas particulier où vous auriez adopté une alimentation cétogène (riche en graisses et très pauvre en glucides) pour des raisons de santé, la recommandation de limiter le sel ne s'applique pas. Le maintien de la glycémie et de l'insuline à un niveau bas avec ce régime a pour conséquence le rejet par les reins de davantage de sodium, entraînant avec lui les liquides de l'organisme. L'apport de sel dans ce cadre vous permet d'éviter une légère déshydratation et vous empêche ainsi de souffrir de fatigue et de maux de tête associés.

- **En complément des trois repas principaux, vous pouvez introduire une collation à compter du deuxième trimestre.** Si vous n'avez aucune difficulté digestive, si vous n'avez pas faim à ce moment-là et surtout si vous êtes en surpoids, ne suivez pas ce conseil. En effet, il peut créer une routine alimentaire amenant des calories excédentaires sur la journée, dont vous aurez du mal à vous défaire ensuite et qui peut entraîner un excès de poids. Dans l'après-midi, moment propice pour une collation, les envies de sucre sont souvent présentes, en raison d'un pic naturel d'insuline, et le fait de prendre une collation risque de vous amener à consommer des aliments trop sucrés.

À présent, je vous invite à entrer dans le vif du sujet, depuis la décision de mettre au monde votre enfant, et ensuite mois après mois, jusqu'au terme. La grossesse est le moment idéal pour adopter de bonnes habitudes alimentaires qui dureront toute la vie. Profitez de cette opportunité unique qui vous est offerte. Vous mettrez ainsi toutes les chances de votre côté pour une grossesse épanouie, en pleine forme, et un futur bébé en pleine santé.

Préparer LA GROSSESSE

Avant toute chose, notez que ce chapitre peut être lu à deux, car il concerne autant la future maman que le futur papa !

Peut-être avez-vous ce livre entre les mains alors que vous n'êtes pas encore enceinte et que vous avez simplement à ce jour un désir de bébé. Cela tombe bien car c'est dès à présent qu'il est le plus judicieux de modifier votre alimentation, et ce pour plusieurs raisons.

La planification de votre alimentation doit commencer tôt et si possible bien avant le début de la grossesse. Certains experts recommandent même de s'y prendre au moins six mois avant d'essayer de concevoir un bébé. La raison ? Votre bébé est constitué d'une partie de vous. Plus vous aurez un terrain sain, plus votre bébé aura des chances d'en avoir un lui aussi. Un « nid » plus sain lui offrira des conditions optimales pour son développement. Quant à vous, si vous êtes en bonne santé et bien nourrie dès le début de votre grossesse, vous aurez moins de risques de complications.
Si nous savons tous qu'une alimentation saine passe par une consommation importante de fruits et légumes (en raison de leur richesse en fibres, vitamines et minéraux), nous ne savons pas toujours quels sont ceux qui sont les plus intéressants nutritionnellement. Je vais faire le tour de la question avec vous.

FAVORISEZ LES ALIMENTS RICHES EN VITAMINES ET MINÉRAUX

C'est de cette manière que votre organisme pourra faire le plein de vitamines, minéraux et antioxydants. Plus un aliment renferme des vitamines et des minéraux pour un nombre de calories donné, plus il est dense nutritionnellement.

Autrement dit : pour la santé, il est intéressant de privilégier les aliments qui contiennent la plus grande concentration en vitamines et nutriments pour le moinsde calories possible.

La densité nutritionnelle est calculée sur la base de **la présence de 14 nutriments** dans l'aliment : vitamines B1, B2, B3, B6, B9, B12, vitamine C, vitamine A, calcium, magnésium, potassium, fer, zinc et protéines.

On considère qu'un indice de densité nutritionnelle supérieur à 40 est élevé et qu'un aliment avec un tel indice possède des « calories pleines ».

C'est le cas des aliments suivants :
- pour les salades : mâche, cresson, pourpier, laitue ;
- pour les autres légumes : poivron, chou vert ;
- pour les produits animaux : palourdes.

J'ai mis ces quelques exemples en avant mais je ne vais pas vous demander d'apprendre par cœur la liste des aliments à haute densité nutritionnelle. Vous devez simplement apprendre à les connaître en partant des informations que je vous donne ci-après.

UN ALIMENT À HAUTE DENSITÉ NUTRITIONNELLE EST :

- brut ou vraiment très peu transformé : les fruits, les légumes, la viande, le poisson, les œufs, les graines et noix oléagineuses, les huiles première pression à froid. Croquez dans une pomme au lieu de boire du jus de pomme ou de manger une compote ou pire de manger un gâteau à la pomme. Croquez dans des amandes, plutôt que de manger des amandes grillées, salées, fumées. Mangez du blanc de dinde plutôt qu'un cordon bleu à la dinde, etc. ;
- s'il s'agit d'un produit animal, issu d'animaux élevés dans le respect de leurs besoins. Par exemple, le steak dans votre assiette doit provenir de vaches ayant mangé de l'herbe, pas des céréales. Les œufs de votre omelette doivent être issus de poules élevées en plein air, pas de poules élevées en batterie ;
- s'il s'agit d'un végétal, de saison. Plus les végétaux sont produits de façon industrielle et rapide (culture hors-sol, excès d'engrais), moins ils contiennent de micronutriments. Les excès d'intrants augmentent la vitesse de croissance des plantes et diminuent proportionnellement le temps d'élaboration des micronutriments. Une croissance lente favorise la métabolisation dite secondaire, donc l'accumulation de composés bioactifs. Mais d'autres facteurs comptent : la variété, l'exposition du fruit, la maturité… Cueillis trop tôt, les fruits et légumes ne développent pas autant de nutriments. D'un fruit à l'autre, il peut y avoir 10 fois moins de vitamines en fonction de ces facteurs.

Ma petite astuce

Apprenez à compter les aliments végétaux que vous consommez sur une journée et faites en sorte d'en avoir au moins 10 différents. Ainsi vous vous assurez un apport très varié en vitamines et minéraux et autres molécules bénéfiques que contiennent les végétaux.

Manger dix végétaux différents par jour vous semble impossible ? Testez donc la recette de la page suivante qui contient dix ingrédients végétaux différents ! Eh oui, les épices comptent dans l'alimentation saine et gourmande.

POUR
4 parts

PRÉPARATION
20 minutes

CUISSON
10 minutes

COURGETTES EN SALSA VERDE

Ingrédients

- 6 petites courgettes
- 1 tomate verte
- 1 cébette
- 1 botte de persil
- 1 bouquet de coriandre
- 2 gousses d'ail
- 3 c. à c. de câpres
- 1 citron vert
- 1 belle pincée de poivre de Kampot
- 1 belle pincée de cumin
- 1 c. à s. de vinaigre
- 8 c. à s. d'huile d'olive

Coupez les courgettes en gros dés et faites-les cuire à la vapeur pendant environ 10 à 12 minutes.

Pendant ce temps, préparez la salsa verde.

Émincez la cébette et coupez la tomate en petits dés. Faites-les suer environ 10 minutes dans une poêle légèrement huilée.

Placez-les dans le bol d'un mixeur, ajoutez les herbes et mixez. Ajoutez l'ail puis les câpres et mixez.

Dans un bol, versez le jus du citron vert, le sel, le poivre, le cumin, le mélange mixé et le vinaigre.

Ajoutez progressivement l'huile en mélangeant sans arrêt jusqu'à obtenir une texture onctueuse.

Versez cette sauce sur les courgettes.

Astuce Si vous avez envie de courgettes en hiver, achetez-les surgelées. Vous aurez plus de chance de manger un légume cueilli lors de la saison de la courgette et congelé directement. Il aura donc encore ses vitamines et minéraux.

Retenez aussi que, le plus souvent, les aliments à haute densité nutritionnelle sont également riches en antioxydants : vitamines C et E, sélénium, zinc, caroténoïdes… Beaucoup d'entre eux sont aussi riches en fibres. C'est un bon moyen de ne pas prendre de poids et de réguler d'ores et déjà le transit, car il peut être mis à mal pendant la grossesse.

La densité nutritionnelle doit être comme une boussole qui guide vos choix alimentaires dès aujourd'hui et au moins jusqu'à la fin de votre allaitement. Si j'indique cette période particulière ici, c'est qu'il s'agit du thème de ce livre et que mon but est de vous accompagner durant votre grossesse pour qu'elle se déroule le mieux possible et que votre bébé soit en bonne santé, mais la densité nutritionnelle des aliments devrait être la boussole de chacun d'entre nous, quels que soient la période de la vie et l'état de santé.

Ce n'est pas en mangeant de tout, en quantité modérée (comme l'indiquent les recommandations officielles) que vous parviendrez à un bon statut nutritionnel mais en mangeant des aliments à haute densité nutritionnelle.

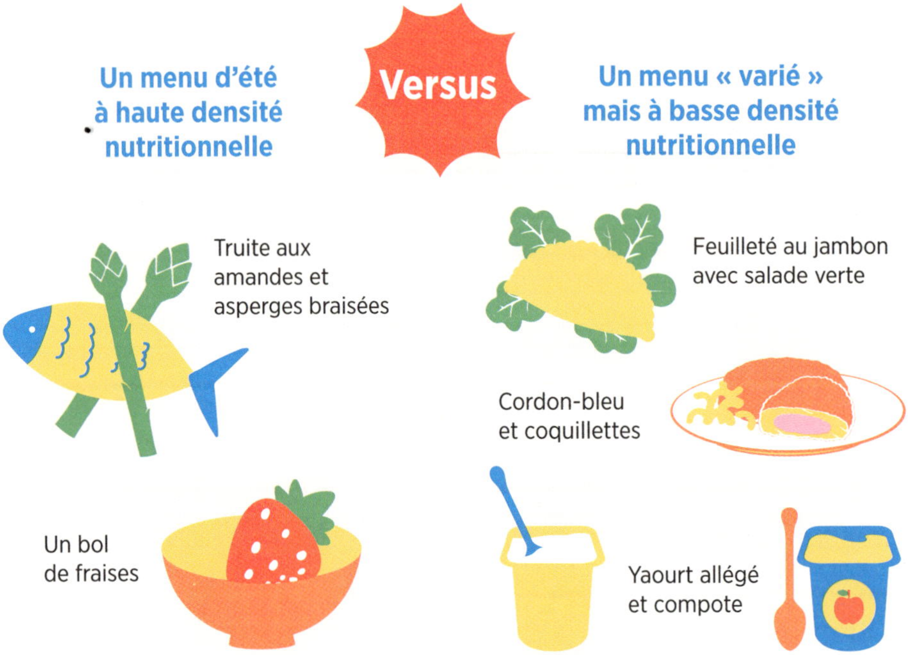

Quand la teneur en micronutriments est faible par rapport à la quantité d'énergie fournie sous forme de calories, la densité nutritionnelle est basse. **Fuyez ces aliments qui sont aux antipodes des aliments nutritionnellement denses :** les chips, les viennoiseries, les biscuits industriels, les cordons-bleus, les bonbons, les sodas ont des densités nutritionnelles proches de zéro. On parle dans ce cas de « calories vides » (sans apport nutritif). Ils ne vous apporteront rien de bon, ni à vous, ni à votre bébé. Ils prendront la place d'aliments sains, puisqu'ils rempliront votre estomac, laissant guère de place à d'autres apports, et pire, ils nuiront à votre santé car ils sont également bien souvent sources de molécules indésirables pour l'organisme, comme des additifs, des A.G.E., etc. (voir encadré ci-dessous).

ATTENTION AUX A.G.E. PRÉSENTS DANS CERTAINS ALIMENTS

Les produits de glycation avancée ou A.G.E. (*advanced glycation end-products*) sont des molécules dues à un phénomène appelé la glycation ou réaction de Maillard. Lors de la cuisson des aliments, il se passe une réaction entre les sucres et les protéines alimentaires qui donne ces produits de glycation. C'est cette réaction qui donne aux aliments leur couleur dorée, caramélisée, leur texture un peu croquante et leur goût appétissant.

Tous les aliments ne contiennent pas la même quantité d'A.G.E. Plus la température de cuisson augmente, plus il y a formation d'A.G.E. Les modes de cuisson sont donc responsables de la quantité d'A.G.E. que l'on va trouver dans un aliment.

Cette formation d'A.G.E. n'est pas sans conséquence. Expérimentalement, plus on en consomme, plus il y a des risques d'athérosclérose, de maladies rénales, de diabètes de types1 et 2. À l'inverse, un régime pauvre en A.G.E. prévient les maladies vasculaires et rénales, les diabètes, améliore la sensibilité à l'insuline, accélère la cicatrisation et augmente l'espérance de vie dans les mêmes proportions que la restriction calorique.

Les aliments issus de l'industrie alimentaire sont souvent riches en A.G.E. : boissons sucrées, aliments ultratransformés, oléagineux grillés, produits céréaliers tels que biscottes, petits pains grillés suédois, crackers, céréales extrudées du petit déjeuner.

Mon conseil pour réduire votre consommation d'A.G.E. et éviter ensuite à votre futur bébé d'en ingérer, c'est de consommer le moins d'aliments industriels possible et d'éviter, lorsque vous cuisinez vous-même, les cuissons à température élevée, notamment tout ce qui est rôti (chaleurs sèches), grillé ou carbonisé (comme les barbecues).

MANGEZ DES ALIMENTS PLEINS D'ANTIOXYDANTS

Ce sont des aliments qui vont vous permettre de lutter efficacement contre les agressions des radicaux libres, des molécules indésirables qui génèrent un stress oxydatif dans l'organisme, responsable de nombreuses maladies chroniques.

À ce jour, plus de 100 troubles et maladies liés à l'âge ont été attribués aux radicaux libres. Par exemple :

- **rides :** elles sont provoquées par la dégradation des protéines de structure du derme ;
- **cataracte :** sous l'effet du soleil ou du tabac, les protéines du cristallin sont dénaturées ;
- **emphysème :** endommagées par les radicaux libres du tabac, les protéines du poumon perdent leur élasticité ;
- **infarctus :** oxydé par les radicaux libres, le cholestérol se dépose le long des artères ;
- **cancer :** le support du code génétique, l'ADN, essuie chaque jour environ 10 000 attaques dues aux radicaux libres. Lorsque ces lésions ne sont plus réparées, des gènes peuvent être altérés, et ceci peut conduire au cancer.

Le métabolisme normal produit des radicaux libres. Lorsque nous respirons, il y a des radicaux libres qui se forment. Le corps arrive à les combattre. Le problème est lorsqu'il y a trop de radicaux libres dans l'organisme qui s'accumulent, en raison d'un contexte polluant (mauvaise alimentation, tabac, etc.).

Pour aider l'organisme dans ce combat contre les radicaux libres, l'alimentation peut jouer un rôle actif. Il suffit de consommer des aliments riches en antioxydants, souvent présents dans les végétaux.

LES GESTES À ADOPTER

Certains aliments ont un pouvoir antioxydant exceptionnel et si vous souhaitez en bénéficier au quotidien, adoptez les gestes suivants :

- Croquez dans un carré de chocolat noir à la fin d'un repas ;
- Ajoutez du thym à vos légumes ou lors de la cuisson de vos viandes ;
- Mettez des noix dans vos salades ;
- Prenez une petite poignée de noisettes et amandes en guise de collation ou au petit déjeuner ;
- Buvez des infusions de clous de girofle, de gingembre et de cannelle au goûter ;
- Mangez des fruits rouges (myrtilles, mûres, framboises, fraises…) : vous pouvez en faire des sauces pour vos viandes, en agrémenter un yaourt ou un bol de muesli ou de flocons de céréales, en manger en fin de repas ;
- Mangez un des légumes suivants : crucifères (choux), épinards, artichaut, carotte, betterave rouge (toujours crue, jamais cuite car elle contient alors plus de glucides) au moins une fois par jour ;
- Épicez vos plats ;
- Consommez des produits de la mer, surtout des coquillages, au moins trois fois par la semaine. Une fois enceinte vous devrez les faire bien cuire et être très vigilante sur leur fraîcheur.

ÉVITEZ LA POLLUTION ALIMENTAIRE

Les polluants alimentaires sont présents dans de nombreux aliments, notamment dans les produits ultratransformés (ajout d'additifs), les fruits et légumes non bios, certaines graisses et les poissons gras, surtout de grande taille comme le saumon, le thon, etc.

En une année, c'est à peu près 5 à 6 kg de polluants alimentaires sous forme d'additifs, métaux lourds, toxines et pesticides que vous mangez si vous n'y prenez garde.

Le meilleur moyen de vous prévenir de ces contaminants est de :

- **sélectionner les fruits et légumes bios.** Les pesticides utilisés en agriculture conventionnelle peuvent être à l'origine de cancers, de perturbations du système hormonal et de problèmes de reproduction ;
- **éplucher les légumes, en particulier les racines :** radis, navets, carottes... **Lavez-les et brossez-les soigneusement.** Si vous devez acheter des fruits et légumes non bios, faites-les tremper 15 minutes dans de l'eau bicarbonatée et privilégiez ou évitez certains d'entre eux (voir encadré) ;

Bon à savoir

Végétaux les moins contaminés : asperge, banane, avocat, petits pois, mangue, kiwi, oignon, brocoli, chou-fleur, papaye, ananas.

Végétaux les plus contaminés, à acheter bio en priorité : pomme, céleri, poivron, cerise, raisin, pêche et nectarine, poire, pomme de terre, épinards, fraise, framboise, tomate, laitue, endive.

- **préférer les huiles vierges, non raffinées, première pression à froid, bios et en bouteille en verre.** Ces mentions sont indiquées sur la bouteille, aussi vous ne pourrez pas vous tromper lors de votre choix. Proscrivez les bouteilles en plastique, car certains composants du plastique peuvent migrer dans l'huile. Les huiles raffinées ont subi une succession de processus qui altèrent les antioxydants naturellement présents (vitamine E, polyphénols), dégradent les acides gras essentiels (oméga-3, oméga-6...) et engendrent la formation de molécules indésirables. Catherine Kousmine, médecin russe du début du siècle dernier, véritable pionnière concernant l'étude du rôle de l'alimentation sur la santé, considérait ces huiles raffinées comme « dévitalisées, mortes », dépourvues des facteurs nécessaires au bon fonctionnement de l'organisme, des fonctions cognitives et au renouvellement des tissus. En raison de leur faible coût et de leur absence de goût, elles ont la faveur des industriels qui les utilisent dans la fabrication des biscottes, viennoiseries, gâteaux.

- **privilégier les protéines animales suivantes :**
  - **la viande maigre (sauf s'il s'agit de viande issue d'animaux nourris selon les besoins de leur espèce) et les poissons sauvages.** Évitez la surconsommation des viandes trop grasses de mauvaise qualité, des poissons d'élevage et des produits laitiers gras, sources de dioxines qui peuvent diminuer la fertilité, provoquer des problèmes lors du développement du bébé, endommager le système immunitaire, interférer avec les hormones et causer des cancers ;
  - **les volailles élevées en plein air** car les poulets issus de l'élevage industriel consomment une alimentation de mauvaise qualité qui contamine leur chair ;
  - **les poissons gras de petite taille** comme le haddock, la morue, la sole, la sardine, le maquereau, la truite, le hareng, la perche, les anchois et les coquillages moins contaminés par les métaux lourds, au contraire du saumon, du thon, du requin, de l'espadon, du carrelet, du maquereau roi. Les métaux lourds (mercure, plomb, aluminium, arsenic...) se comportent comme des œstrogènes (hormones féminines) ce qui favorise le surpoids et certains cancers hormonodépendants ;
  - **les viandes bovines bios.** Le bœuf des élevages non bios peut contenir des antibiotiques qui peuvent provoquer des allergies chez les personnes sensibles ainsi qu'une résistance aux microbes ;
  - **les charcuteries sans nitrates ni nitrites.** Les nitrites et les nitrates sont classés comme cancérogènes. Pour les mêmes raisons, évitez les aliments fumés ;

- **éviter tout ce qui contient des « E » suivis d'un numéro dans la liste des ingrédients.** Il est donc important de toujours regarder les étiquettes avant d'acheter un produit. En effet, derrière ces E se cachent des émulsifiants (des agents de texture utilisés massivement par les industriels, dans la margarine, les glaces, le chocolat, les produits de confiseries, de boulangerie), des phosphates qui s'emploient en fromagerie comme sels de fonte, texturants et pour augmenter la rétention d'eau, dans les laits en poudre et concentrés, les produits de boulangerie où ils servent de stabilisants, des colorants dans les bonbons, des nanoparticules, qui servent de colorant, d'agent blanchissant et d'opacifiant tout en ayant également des propriétés de conservateur. Il est difficile de trouver des produits industriels exempts de ces additifs. Le plus simple : fuyez les aliments industriels !

LES GESTES À ADOPTER

• Privilégiez les fruits et légumes, préférez des huiles bios de première pression à froid, de la viande bovine bio ou au moins nourrie à l'herbe, des charcuteries sans nitrates ni nitrites, des poulets élevés en plein air, des œufs de poules bios ou élevées en plein air, des poissons gras de petite taille et évitez les aliments transformés par l'industrie.

SUPPLÉMENTEZ-VOUS EN VITAMINE B9

Je sais que bon nombre d'entre vous aimeraient éviter toute prise de suppléments nutritionnels. Néanmoins, certains sont quasi inévitables, même lorsque vous soignez votre alimentation.

La vitamine B9 est absolument indispensable et vous devez d'ores et déjà vous supplémenter. Outre le fait de participer au bon déroulement de votre cycle, cette vitamine réduit par la suite le risque de fausse couche, prévient la prématurité et protège votre bébé de certaines malformations et maladies.

Les suppléments nutritionnels de vitamine B9 restent fortement recommandés dès le désir de grossesse idéalement à la dose de 400 µg par jour environ et durant toute la grossesse.

Bon à savoir

B9 et folates, ce n'est pas exactement pareil. Le mot « folates » désigne obligatoirement la vitamine B9 naturelle. Alors que « B9 » est un terme générique qui regroupe formes naturelles et synthétiques.

Petit coup de pouce alimentaire pour booster votre « pool » folates : consommez régulièrement des avocats, des épinards, de la mâche, du cresson ou tout autre légume à feuilles, des œufs, des moules, des noix ou tout autre fruit sec oléagineux. Également, si votre alimentation quotidienne comporte des féculents ou des aliments riches en glucides, vous pouvez ajouter à cette liste les aliments suivants riches en folates : châtaignes, melon, avoine, sarrasin, quinoa, seigle, lentilles, pois chiches ou autre légumineuse, son de céréales (à noter que, pour les intestins fragiles, le son d'avoine est bien mieux toléré que le son de blé). Page suivante, vous trouverez une recette simple et facile de salade très riche en folates, à manger une fois par semaine.

POUR
1 portion

PRÉPARATION
10 minutes

LA SALADE B9

Ingrédients

- 50 g de mâche ou de cresson
- 50 g de jeunes pousses d'épinards
- 1 œuf dur
- 30 g de moules cuites (bien vérifier leur fraîcheur)
- 15 g de noix
- 10 g de graines de tournesol grillées
- ½ avocat
- ½ c. à s. de vinaigre de Xérès
- 2 c. à s. d'huile d'olive
- Sel et poivre

Coupez le demi-avocat en fines lamelles.

Dans une assiette creuse, disposez la mâche ou le cresson, les jeunes pousses d'épinards, répartissez les lamelles d'avocat. Déposez l'œuf dur coupé en deux, les moules, parsemez de noix et de graines de tournesol grillées.

Préparez la vinaigrette dans un bol en commençant par mettre le sel, le poivre puis le vinaigre et l'huile. Remuez.

Assaisonnez la salade avec la vinaigrette.

Dégustez avec une tranche de pain de seigle foncé (pumpernickel) ou de pain cétogène à la poudre d'amande si vous suivez une alimentation low carb ou cétogène (voir page 52).

LA VITAMINE B9 PENDANT LA GROSSESSE PROTÈGE LES ENFANTS DE LA LEUCÉMIE[6]

La nutrition représente l'un des principaux facteurs de risque modulables dans le développement du cancer dès la vie fœtale. Une équipe de chercheurs a mis en évidence que la vitamine B9, prescrite pendant la grossesse pour réduire le risque de défauts de la formation du tube neural chez le fœtus, protège également le bébé en devenir du risque de leucémie. La carence en vitamine B9, relativement fréquente dans la population, pourrait modifier certains gènes *in utero*, avec pour conséquence une augmentation du risque de tumeur dès les premières années de vie.

Il est aberrant de voir qu'encore aujourd'hui la supplémentation systématique en B9 pendant la grossesse n'est pas respectée. Parfois en raison d'une absence de prescription, ce qui est très grave, de la part du médecin ou gynécologue qui suit la grossesse, parfois en raison de la négligence de la future maman. Une étude publiée dans *The British Medical Journal*[7] et coordonnée par Babak Khoshnood, directeur de recherche à l'Inserm, a montré qu'en vingt ans, il n'y a pas eu de diminution significative de cas d'anomalies du tube neural et ceci malgré les preuves et les recommandations concernant les bienfaits de la prise de vitamine B9 pour enrayer ce risque.
En Europe près de 5 000 grossesses par an sont encore concernées par ce problème d'anomalie du développement du tube neural, avec de graves conséquences pour les bébés. Des études montrent que seule une minorité des femmes se supplémentent réellement en vitamine B9, faisant courir un risque grave à leur bébé, risque pourtant évitable.

Si vous avez peur d'oublier la prise de B9, programmez une alarme sur votre téléphone. Elle vous rappellera à l'ordre !

SUPPLÉMENTEZ-VOUS EN VITAMINE D3

La vitamine D3 joue un rôle clé dans l'immunité, dans le soutien du développement des os, des dents, de la peau et de la vue. Elle se distingue des autres vitamines, car elle fonctionne plutôt comme une hormone au niveau de l'ADN. On estime que la vitamine D régule de 200 à 300 gènes. De nombreuses cellules, notamment dans la peau et dans le cerveau, ont des récepteurs de vitamine D, vitamine dont ils ont besoin pour fonctionner adéquatement. Le déficit en vitamine D est très répandu dans la population générale. Encore plus durant la grossesse car celle-ci accroît les besoins en vitamine D. Ce que l'on sait aujourd'hui c'est que de faibles niveaux de vitamine D peuvent avoir des répercussions sur votre santé osseuse et celle de votre bébé, augmenter le risque de naissance prématurée, d'hypertension, de prééclampsie, de diabète gestationnel ainsi que le risque d'asthme chez votre bébé ou encore le risque cardio-vasculaire plus tard dans sa vie. La vitamine D devrait bénéficier du même niveau de recommandation que la vitamine B9.

Bon à savoir | Les femmes devraient surveiller leur statut en cette vitamine dès l'arrêt de la pilule et avant la conception. L'arrêt de la contraception provoque une chute du taux de vitamine D.

Le taux souhaitable de vitamine D ne doit pas être inférieur à 30 ng/ml (75 nmol/l). Il faut pour cela, selon le taux de base (mesuré par dosage biologique), prendre 400 à 1000 UI (10 à 25 µg) de vitamine D par jour en hiver. Rapprochez-vous de votre médecin pour ajuster le dosage.

LES GESTES À ADOPTER

De manière générale, le hareng (préférez le hareng mariné), les maquereaux, les sardines, la truite – le thon et le saumon aussi, mais attention à ne pas en abuser en raison de leur teneur en métaux lourds –, le chocolat noir, le jaune d'œuf, le lait entier et ses produits dérivés, les champignons de Paris sont des bonnes sources de vitamine D. Le foie de morue, l'huile de foie de morue et toutes les huiles de poisson sont de bonnes sources de vitamine D3. Le foie de veau en est bien pourvu également et vous pouvez en manger avant la grossesse ; durant la grossesse en revanche, mieux vaut s'abstenir car il est trop riche en vitamine A (voir page 110).

Le chef norvégien Odd Ivar Solvold, qui a remporté une médaille de bronze au Bocuse d'Or en 1997, recommande de mettre l'huile de foie de morue dans les plats acides. Avant la grossesse, régulièrement, vous pouvez donc ajouter de l'huile de foie de morue dans une sauce à la tomate pour agrémenter des légumes ou des pâtes, dans une sauce citronnée pour accompagner vos poissons. Occasionnellement, pour le plaisir, une fois enceinte.

Bon à savoir

Pour connaître votre statut en vitamines, minéraux et acides gras, n'hésitez pas à faire un bilan sanguin. Faites éventuellement également doser votre albumine si vous êtes végétarienne ou végétalienne, si vous mangez peu de protéines animales ou si vous avez fait un régime très amaigrissant récemment.

BOOSTEZ VOTRE FERTILITÉ

L'alimentation peut jouer un rôle clé pour vous aider à tomber enceinte. En effet, elle a une influence sur la qualité des spermatozoïdes et des ovules. De nombreuses études scientifiques qui se sont penchées sur le sujet l'attestent. Ce que vous mettez dans votre assiette a donc une importance indéniable.

MISEZ SUR LES ALIMENTS ANTIOXYDANTS

Côté spermatozoïdes, le stress oxydatif est associé à une diminution de la fertilité masculine, selon de nombreuses études. Les hommes présentant un fort taux de radicaux libres dans leur sperme s'avèrent être moins fertiles. En consommant des sources d'antioxydants (voir page 22), on peut contrer ce stress oxydatif et cela permet à la fois de **booster le nombre, la forme et la motilité des spermatozoïdes.**

Bon à savoir

En fonction des études, on ne retrouve pas les mêmes effets d'une supplémentation en antioxydants. Dans certains cas, ils étaient même plutôt nocifs. Alors plutôt que d'opter pour une supplémentation, optez, messieurs, pour une assiette plus saine.

Trois antioxydants présents dans les fruits et légumes sont intéressants à ce titre[8], vous devez donc cibler plus particulièrement certains aliments.

• Pour booster le nombre de spermatozoïdes de forme normale, la tomate cuite, sous forme de **sauce tomate**, de **concentré de tomate**, est fortement recommandée. Elle contient du lycopène, un antioxydant qui se libère sous l'effet d'une longue cuisson. Pour entrer dans le sang et faire son travail, ce composé a besoin d'huile. N'oubliez pas de rajouter de l'huile d'olive dans votre sauce tomate. Voir recette p. 34.

• Pour une meilleure motilité des spermatozoïdes, il est fortement recommandé de consommer des **végétaux très orange, très verts et des œufs**. Ils apportent des caroténoïdes, en particulier le **bêta-carotène et la lutéine**, véritables auxiliaires de la fertilité. Un petit déjeuner avec, par exemple, une omelette aux jeunes pousses d'épinards et des quartiers d'orange ou deux abricots selon la saison est bien indiqué.

Évidemment, il s'agit d'inclure ces aliments dans votre routine alimentaire et non de les manger de manière occasionnelle. Je vous donne quelques idées de recettes pages suivantes.

POUR
8 portions

PRÉPARATION
20 minutes

CUISSON
75 minutes

SAUCE TOMATE TOP FERTILITÉ

Ingrédients

- 1 kg de tomates fraîches (ou de tomates concassées en boîte)
- 100 g de carottes
- 100 g de potiron
- 50 g de feuilles de céleri-branche
- 100 g d'oignons
- 1 bouquet de basilic
- 1 petite boîte de concentré de tomate
- 2 c. à s. d'huile d'olive
- Sel, poivre

Émincez finement tous les légumes.

Faites revenir les oignons émincés avec l'huile d'olive, puis ajoutez les légumes (sauf les tomates). Baissez le feu et laissez mijoter 15 minutes.

Ajoutez les tomates, le concentré de tomate, le basilic, salez et poivrez. Couvrez et laissez cuire tout doucement environ une heure. Vous pouvez ajouter un peu d'eau en cours de cuisson si besoin.

Si vous le souhaitez, mixez la sauce pour la réduire en purée lisse.

POUR
1 portion

PRÉPARATION
15 minutes

CUISSON
20 minutes

TAJINE BID ET MATICHA

Ingrédients

- 2 tomates bien mûres
- 100 g d'épinards
- 1 oignon rouge
- 2 œufs
- 10 olives noires
- 1 c. à c. de concentré de tomate
- 1 c. à c. de paprika
- 1 c. à c. de cumin
- 3 à 4 brins de coriandre
- 2 c. à s. d'huile d'olive
- Sel, poivre
- 1 pincée de bicarbonate de soude

Coupez l'oignon en petits dés. Pelez les tomates et coupez-les en petits dés.

Émincez les épinards.

Ciselez la coriandre.

Dans un petit tajine individuel ou dans une petite poêle, versez l'huile, ajoutez les dés d'oignon et faites-les blondir à feu doux. Une fois qu'ils sont bien translucides, ajoutez les épinards, les dés de tomate, les olives noires et le concentré de tomate, le cumin et le paprika et la moitié de la coriandre. Salez et poivrez. Laissez mijoter une quinzaine de minutes. Goûtez. Si c'est trop acide, ajoutez une pincée de bicarbonate de soude.

Cassez les œufs au-dessus, sans percer le jaune, salez et poivrez, couvrez et laissez cuire environ 3 minutes. Le jaune doit rester coulant.

Retirez du feu.

Parsemez le reste de la coriandre sur le dessus et dégustez.

POUR
4 portions

PRÉPARATION
15 minutes

CUISSON
20 minutes

SOUPE TOUTE VERTE

Ingrédients

- 2 courgettes
- 3 verts de poireau
- 3 branches de céleri
- ½ tête de fenouil
- 100 g d'épinards
- 1 gousse d'ail
- 1 poignée de feuilles de persil plat
- 1 c. à c. de cumin
- 1 l d'eau
- 1 petit pot de crème fraîche
- 3 c. à s. d'huile d'olive
- Sel et poivre

Coupez les légumes en dés de même taille.

Faites suer les légumes dans une grande marmite avec l'huile d'olive pendant 5 minutes.

Ajoutez de l'eau jusqu'à recouvrir les légumes. Ajoutez le persil et le cumin, salez et poivrez.

Faites cuire 20 minutes à feu moyen en couvrant

Ajoutez la crème et mixez votre soupe en conservant bien l'eau de cuisson.

Astuce Vous pouvez donner plus de goût à votre soupe, en ajoutant un bouillon cube à la recette, en début de cuisson. Mais attention, mieux vaut ajouter un bouillon cube fait maison. La composition des bouillons cubes industriels laisse à désirer, surtout ceux à base de viande et de volaille. La plupart contiennent jusqu'à 4 additifs (exhausteurs de goût, colorants et épaississants), malgré leur petite taille.

Bon à savoir

POUR LES PAPAS DE PLUS DE 44 ANS

Si vous avez 44 ans et plus, vous devrez également veiller à contrer les effets néfastes du vieillissement sur le génome des spermatozoïdes. Pour cela, rien de tel que de manger **un agrume tous les jours**, veiller à ajouter **de l'huile à chacun de vos repas, manger du poisson gras régulièrement et des oléagineux**. Ils sont source de vitamines C, E, d'acide folique mais aussi de zinc[9], qui vont améliorer la qualité de l'ADN de votre sperme.

Le petit déjeuner des plus de 44 ans

1 citron pressé ou
½ pamplemousse

2 œufs avec
1 c. à s. d'huile d'olive

30 g de noix,
noisettes, amandes,
pistaches

LA TÉLÉ, ENNEMIE DE LA FERTILITÉ

Vous regardez la télé 5 heures par jour ? Vous avez moins de gonadotrophines, de testostérone et vous avez perdu 54 millions de spermatozoïdes ! C'est la triste conclusion d'une étude menée sur 1 210 jeunes danois en parfaite santé[10].

LES NUTRIMENTS ET ALIMENTS ALLIÉS DE LA FERTILITÉ

(Avec des infos aussi pour les futures mamans en couleur orange, car à deux, les choses sont toujours plus faciles !)

	ALIMENTS SOURCES	BIENFAITS
Vitamine C	Cassis, goyave, kiwi, fraise, chou de Bruxelles, brocoli, chou blanc, agrume.	Favorise le nombre et la motilité des spermatozoïdes.
Vitamine E	Huiles mélangées, huile de noisette, huile de pépins de raisin, huile d'olive, huile de colza, huile de noix, huile de germe de blé. Avocat. Cacahuètes, pistaches, noix. Beurre. Poissons gras. Œufs.	Favorise le nombre et la motilité des spermatozoïdes.
Folates (vitamine B9)	Oléagineux, noix, noisettes, amandes, pistaches. Avocat. Petits pois, endive, épinards, haricots, brocolis. Lentilles. Fruits. Œufs Fromages (bleus), camembert. Céréales.	Favorise le nombre et la motilité des spermatozoïdes. Pourrait favoriser la grossesse.
Zinc	Huîtres, foie, fromages, viandes de boucherie.	Favorise la motilité des spermatozoïdes. Un manque en zinc peut ralentir la production d'ovules.
Bêta-carotène	Patate douce, carotte, potiron, persil, laitue romaine, épinards, blettes, basilic, abricots secs.	Meilleure motilité des spermatozoïdes.
Lutéine	Surtout les légumes vert foncé et en moindre mesure les œufs.	Meilleure motilité des spermatozoïdes.
Lycopène	Tomate cuite.	Nombre plus élevé de spermatozoïdes de forme normale.

METTEZ DES OMÉGA-3 DANS VOTRE ASSIETTE

Pour parfaire le tout, mangez des **poissons gras (sardines, harengs, maquereaux, anchois, foie de morue et plus occasionnellement saumon, thon)** régulièrement. L'oméga-3 appelé acide docosahexaénoïque (DHA) qu'ils contiennent est indispensable à la formation correcte des spermatozoïdes qui doivent présenter une structure en forme d'arc, appelé acrosome, essentielle à la fécondation. Cette structure abrite, organise et concentre une variété d'enzymes nécessaires à féconder l'ovule, donc indispensables à la fertilité masculine[11]. Le DHA est essentiel dans la fusion des blocs de construction de l'acrosome et sans le DHA, cette structure ne pourrait pas se former et les spermatozoïdes ne seraient pas fonctionnels. Le DHA permet en fait de transformer un spermatozoïde rond et immature en un spermatozoïde nageur équipé « d'une queue extra-longue ».
Essayez d'en consommer deux à trois fois par semaine mais pas plus. Ce peut être en mangeant du foie de morue, des sardines ou des maquereaux en boîte. Les œufs de poules élevées en plein air contiennent aussi des DHA.

Cette importance des oméga-3 pour la fertilité masculine vaut également pour la fertilité féminine. Dans une étude menée sur des souris, des chercheurs se sont aperçus que les ovules étaient en plus grand nombre et de meilleure qualité chez les animaux consommant davantage d'oméga-3. Le fait d'avoir des ovules de bonne qualité va augmenter les chances de tomber enceinte. L'explication des effets des oméga-3 sur la qualité des ovules n'est pas encore élucidée pour le moment, mais les chercheurs ont émis l'hypothèse que les oméga-3, en contribuant à faire diminuer l'inflammation dans le corps, pouvaient améliorer la fonction ovarienne.

LAITAGES ALLÉGÉS OU PAS ?

Puisque nous en sommes à parler des graisses, je souhaite attirer votre attention sur un autre point. Vous êtes nombreuses à consommer des produits allégés pour maîtriser votre poids, et parmi ceux qui ont vos faveurs : le yaourt light et la crème 0 %. En réalité, ces produits ont peu d'effet sur le poids et ils renferment de nombreux additifs qui en font des aliments ultratransformés. Ces aliments doivent être limités pour votre santé. Si vous devez consommer ces produits, préférez leurs homologues entiers. Un à deux par jour est amplement suffisant.
Évitez de les consommer le soir, un moment où leur potentiel insulinogène semble plus fort, selon mes observations auprès de ma patientèle. Préférez-les le matin ou au plus tard à midi.
Veillez à leur qualité (de préférence à base de lait de chèvre ou de brebis et d'animaux nourris à l'herbe et bios). De plus, ils sont aussi une bonne source de probiotiques, iode, vitamines B et, lorsqu'ils sont gras, de vitamines (A, D, E, K, notamment K2, une vitamine essentielle pour le métabolisme dentaire et osseux – le vôtre mais aussi celui de votre futur bébé).
Si vous êtes intolérante au lactose, évitez le lait classique et les yaourts industriels qui contiennent de la poudre de lait (bien lire la liste des ingrédients).

Les produits laitiers sont certes riches en calcium, un nutriment intéressant pour la fertilité, comme vous pourrez le lire page suivante, mais il existe d'autres sources de calcium.

VARIEZ VOS SOURCES DE CALCIUM

Le calcium a un rôle dans la régulation de la production d'hormones, permettant une harmonie entre œstrogènes et progestérone. Il favorise l'ovulation. En dehors des produits laitiers, de nombreux autres aliments en contiennent. Le calcium végétal est globalement mieux absorbé que le calcium issu de produits animaux. Le calcium de l'eau est tout à fait disponible, contrairement à ce que l'on peut lire et entendre parfois. Il est d'ailleurs au moins aussi bien assimilé que le calcium du lait.

SOURCES DE CALCIUM

Les produits laitiers (de 0 à 2 max. par jour)
Les produits laitiers les plus riches en calcium sont : Grana Padano, parmesan, gruyère, emmental, comté, lait fermenté, yaourt au lait de chèvre, yaourt à la grecque au lait de brebis, lait entier

Les algues
Ascophylle noueux, ogonori, laitue de mer, wakamé

Les produits de la mer
Sardines à l'huile, saumon, crevettes, coquilles Saint-Jacques, anchois, huîtres plates

L'eau
Certaines eaux sont riches en minéraux. Les eaux calciques ont une teneur moyenne supérieure à 150 mg/l : Hépar, Courmayeur, Contrex, Saint Antonin, La Française, Quézac

Les légumes verts à feuilles
Poireau, chou frisé, épinards, roquette, cresson

Les légumes secs
Haricots blancs, graines de lupin, haricots mungo, fèves, pois chiches

Les herbes séchées
Basilic séché, sarriette séchée, poudre de meloukhia, marjolaine, thym séché, herbes de Provence (à parsemer tous les jours sur vos plats)

Les fruits à coques
Amandes grillées, graines de soja, noix du Brésil, noisettes (à consommer à raison de 30 g par jour, au petit déjeuner ou au déjeuner)

LE MACA PÉRUVIEN : UNE POTION MAGIQUE ?

L'exceptionnelle composition du maca a depuis très longtemps attisé la curiosité de la communauté scientifique à travers le monde, qui s'intéresse à ses propriétés bienfaisantes pour la fertilité. Peu importe sa couleur : jaune, noir, rouge, la composition reste à peu près la même et toute sa panoplie est bien présente.
Il est soi-disant l'un des meilleurs aphrodisiaques au monde. On l'appelle d'ailleurs le « ginseng péruvien ». Première étape pour avoir un bébé, les Aztèques l'utilisaient déjà pour améliorer leur libido. Aujourd'hui encore, les populations sud-américaines le consomment pour cette vertu autant que pour les autres qu'il possède[12].

POUR L'HOMME

Le maca permettrait d'améliorer la fonction sexuelle chez l'homme, comme chez la femme d'ailleurs. Diverses études menées en laboratoire ont permis de mettre en évidence la capacité du maca à stimuler l'activité reproductrice des mâles, humains et animaux[13].
Par ailleurs, le maca du Pérou serait en mesure d'augmenter et d'améliorer la production de spermatozoïdes chez les hommes. La qualité du sperme serait effectivement optimisée par la consommation régulière de maca du Pérou[14]. Ainsi, le maca pourrait influer fortement sur la fécondité des hommes. Enfin, le maca est aussi couramment utilisé dans le but de lutter contre les troubles de l'érection. En 2018, les chercheurs se sont intéressés à l'effet du maca péruvien sur la production de testostérone. Les résultats de leur étude suggèrent qu'une consommation prolongée de maca péruvien pourrait améliorer la capacité de production de testostérone[14].

POUR LA FEMME

Le maca agirait sur la qualité des ovules produits par les femmes. La « plante de la fertilité » favoriserait le démarrage d'une grossesse en raison de sa capacité à réguler les hormones : les œstrogènes et la progestérone. De plus, une consommation récurrente de cette plante favoriserait l'épaississement de la muqueuse utérine, ce qui est essentiel pour permettre à l'embryon de s'implanter et de se développer.
Enfin, on peut avoir recours à cette plante sud-américaine pour lutter contre les troubles menstruels et les règles douloureuses.

COMMENT LE CONSOMMER ?

Le dosage journalier recommandé est d'un gramme et demi par jour. Vous pouvez débuter votre cure de maca à n'importe quel moment. Dans l'idéal, commencez votre cure quelque temps avant d'essayer de concevoir un enfant (deux mois à l'avance, si possible).

Mais attention cependant, les études sur le maca étant peu nombreuses, leurs résultats sont à prendre avec prudence. Comme pour toutes les plantes, il existe des contre-indications et des effets indésirables. Demandez l'avis d'un professionnel de santé.

Vous pouvez consommer le maca dans une boisson dont vous trouverez la recette ci-contre. Consommez-la en collation vers 16 h car la banane que contient cette boisson est glucidique et c'est en milieu d'après-midi que les glucides sont les mieux tolérés grâce au pic naturel d'insuline qui se produit à ce moment-là (l'insuline permettant le maintien d'une glycémie normale, voir page 58). Si vous suivez un régime low carb ou cétogène, remplacez-la par un avocat.

EN SURPOIDS ? GARE AUX GLUCIDES

Les glucides lorsqu'ils sont issus des sucres de table (sucre, sucre de coco, etc.), d'aliments ultraraffinés, ultratransformés (farine blanche, baguette, riz précuit, gâteaux et viennoiseries, etc.), font augmenter brutalement la sécrétion d'une hormone appelée insuline, ce qui peut nuire à la fertilité et plus particulièrement à l'ovulation.

L'insuline a une influence sur la production de deux hormones qui sont les chefs d'orchestre du cycle menstruel. Ces deux hormones sont produites par une glande située à la base du cerveau, l'hypophyse. Il s'agit de l'hormone folliculostimulante (FSH) et l'hormone lutéinisante (LH). Un surplus d'insuline, induit par une consommation excessive de glucides, réduit la production de FSH et augmente la production de LH, ce qui a pour résultat de perturber le cycle. Dans certains cas extrêmes, l'ovulation ne se produit plus ou presque. Les règles deviennent peu abondantes ou disparaissent complètement. Or, les anomalies de l'ovulation représentent la cause la

POUR
1 portion

PRÉPARATION
3 minutes

LE SMOOTHIE BANANE-MACA

Ingrédients

- 1 banane
- 1 c. à c. de purée d'amande complète
- 10 cl lait d'amande
- 20 cl d'eau de coco
- 1,5 g de maca en poudre

Épluchez la banane et coupez-la en morceaux.

Mettez tous les ingrédients dans le bol d'un blender et mixez jusqu'à ce que le smoothie soit crémeux.

Dégustez !

plus fréquente d'infertilité chez la femme. Une étude a même montré que si l'obésité réduit la fertilité, c'est par le biais de l'insuline[15].

Une perte de poids, avec une amélioration de la sensibilité à l'insuline, ce qui passe bien souvent par la réduction de la consommation de glucides, permet de favoriser l'ovulation et d'augmenter la fertilité. Pour mettre en pratique ces conseils, je vous renvoie au chapitre suivant (voir page 62). Si vous êtes en surpoids, limiter les glucides est le meilleur moyen de perdre du poids tout en préservant sa santé. Les femmes dont l'IMC (indice de masse corporelle) est supérieur à 25 ont trois fois plus de risques de voir leur cycle menstruel perturbé. Il a été prouvé qu'une perte de poids de 5 à 10 % augmentait significativement la fertilité, en régularisant les cycles menstruels et en favorisant les chances d'ovulation spontanée et de grossesse[3]. De plus, l'obésité, surtout celle qui prédomine au niveau abdominal, est associée à un déséquilibre métabolique, hormonal, qui peut avoir des répercussions graves. Elle favoriserait le syndrome des ovaires polykystiques (SOPK) et l'infertilité, mais aurait aussi des conséquences au niveau cardio-vasculaire (hypertension [HTA], accident vasculaire cérébral [AVC], infarctus), hépatique (maladie du foie gras), pancréatique (diabète de type 2) et augmenterait le risque de cancers, etc.

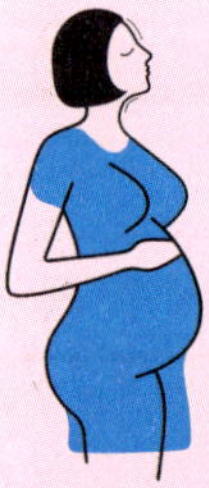

LES BONS GESTES À ADOPTER AVANT LA GROSSESSE

En plus des 7 conseils que vous trouverez détaillés à la page 62 :

• Supprimez les fruits, sauf le citron.

• Mangez des légumes à chaque repas et à volonté, en choisissant les moins glucidiques. Référez-vous à mon livre *Le Compteur de glucides* pour les sélectionner.

• Supprimez totalement les féculents. En pratique, supprimez le pain et les autres aliments céréaliers (riz, semoule, pâtes, blé, boulghour, maïs, quinoa et dérivés...), les légumes secs et légumineuses (haricots blancs et rouges, lentilles, flageolets, fèves, pois chiches...), les pommes de terre et les patates douces.

• Consommez à tous les repas de bonnes graisses. Optez pour l'huile d'olive pour sa richesse en oméga-9 et l'huile de colza pour les oméga-3.

LIMITEZ LA CAFÉINE

Plusieurs études établissent un lien entre une consommation importante de caféine et l'infertilité. Si l'arrêt complet du café vous paraît compliqué, essayez de vous limiter à maximum deux à trois tasses par jour. Si vous le pouvez, passez au décaféiné (sans solvant) ou préférez le thé, contenant moins de caféine et riche en antioxydants, ou encore mieux au rooibos, dépourvu de caféine.

L'ALIMENTATION A-T-ELLE UNE INFLUENCE SUR LE SEXE DU BÉBÉ ?

De nombreuses croyances populaires établissent un lien entre l'alimentation des parents et le sexe de l'enfant. En 2009, une équipe de chercheurs des universités d'Oxford et d'Exeter avançait qu'une alimentation calorique au moment de la conception serait favorable à la naissance de garçons, tandis qu'un régime hypocalorique encouragerait la mise au monde de filles.

En dehors du critère de la richesse en calories du régime, consommer une large variété de nutriments comprenant davantage de potassium, de calcium, de vitamines C, E et B12 ferait pencher la balance du côté des garçons[16].

En conclusion, je ne saurais que trop vous conseiller de relire les informations de la page 24 concernant l'attention qui doit être portée à la qualité des produits que vous consommez. De nombreuses études établissent un lien entre la fertilité masculine, la fertilité féminine et l'exposition à des substances chimiques de synthèse, dont les pesticides. Ces substances bloquent l'activité de production des hormones androgènes. Une étude[17] parue dans *Human Reproduction* a conclu que « *l'exposition aux pesticides utilisés dans la production agricole pour l'alimentation peut être suffisante pour affecter la spermatogenèse chez l'homme* ».

UNE SEMAINE DE MENUS SPÉCIAL FERTILITÉ

LUNDI	MARDI	MERCREDI	JEUDI	VENDREDI	SAMEDI	DIMANCHE
• 1 jus de citron pressé • Omelette aux asperges (p. 103) • Quelques oléagineux	• 1 clémentine • 1 œuf coque • 1 bol de baies rouges • 1 yaourt à la grecque	• 1 jus de citron pressé • Muesli maison (avec flocons de sarrasin et oléagineux et abricots secs) + lait de coco	• ½ pamplemousse • Pain aux oléagineux (voir p. 52) • Beurre cru bio	• 1 jus de citron pressé • 1 tranche de pain complet au levain • Œufs au plat, jambon blanc ou cru (sans nitrate ni nitrite) • Quelques oléagineux	• 1 orange • Pancakes à la poudre d'amande ou aux flocons de sarrasin • Purée de noisette	• 1 jus de citron pressé • 1 part de gâteau du dimanche matin (voir p. 50)
• Avocat vinaigrette • Steak haché • Poêlée de champignons	• Toast de pain de seigle très noir et foie de morue • Assiette de crudités (avocat, betterave, carottes râpées et chou rouge)	• Aubergine farcie • Tagliatelles de radis noirs	• Poivrons confits à l'huile • Tajine Bid et Maticha (voir p. 35)	• Haricots tarbais à la sauce tomate	• Coquilles Saint-Jacques poêlées • Céleri-rave poêlé à l'huile de noisette	• Poulet grillé • Curry de légumes variés et patate douce
• Smoothie banane-maca	• Smoothie banane-maca	• Smoothie banane-maca	• Smoothie banane-maca	• Smoothie banane-maca	• Smoothie banane-maca	• Smoothie banane-maca
• Calamars avec sauce à base d'huile d'olive et d'huile de foie de morue, tomate, poivron • Riz complet • 1 carré de chocolat noir	• Potiron au four, 4 épices et amandes effilées, arrosés d'huile d'olive • Tempeh • 1 carré de chocolat noir	• Soupe toute verte (p. 36) • Écrasé de sardines (p. 130) • 1 carré de chocolat noir	• Salade endives noix et pomme • Carottes sautées • 1 carré de chocolat noir	• Huîtres gratinées au parmesan (p. 111) • Pousses d'épinards en salade (p. 100) • 1 carré de chocolat noir	• Steak végétal • Purée orange aux épices (p. 98) • 1 carré de chocolat noir	• Saumon en papillote • Asperges braisées • 1 carré de chocolat noir

Certaines des recettes sont dans ce livre. Les autres sont des recettes classiques que vous trouverez facilement sur Internet (comme les carottes sautées, les aubergines farcies, etc.).

Cette semaine de menu est un simple exemple. Vous pouvez la modifier selon les saisons.

Le petit déjeuner est chaque jour volontairement gras et protéiné. C'est une des raisons pour lesquelles le gâteau du dimanche matin est à base de poudre d'amande (riche en protéines et graisses) et non de farine de blé traditionnelle (riche en glucides). En effet les apports en graisses et en protéines du matin vont permettre de mieux réguler les hormones de la faim, de la satiété et la synthèse des neurotransmetteurs du comportement alimentaire sur la journée. Vous pouvez répéter le même petit déjeuner tous les matins, y compris lorsqu'il contient des œufs. Et si vous n'avez pas l'habitude de prendre un petit déjeuner, vous pouvez le sauter sans risque pour votre santé.

Vous n'êtes pas obligé(e) de manger de la viande ou du poisson à chaque repas. Ce ne sont que des exemples de repas pour vous donner des idées mais vous pouvez les remplacer par des substituts végétaux. Vous pouvez remplacer la viande et le poisson par des alternatives végétales telles que seitan, tofu, tempeh, protéines de soja texturées, etc.

Si vous souhaitez terminer votre repas par un produit laitier ou du fromage, faites-le de préférence au déjeuner, en vous contentant d'une portion correspondant à 30 g de fromage ou 120 g de yaourt. Une alternative végétale est envisageable : yaourt de soja, amande, coco, chanvre, cajou (achetés en commerce ou faits maison) ou « faux-mage » à base de cajou par exemple.

Si vous contrôlez votre consommation de glucides, évitez le pain traditionnel le matin et préférez un pain low carb ou cétogène (à base de poudre ou de farines d'oléagineux ou de protéines de blé pour celles et ceux tolérant le gluten).

Si vous êtes en sous-poids, vous pouvez ajouter un féculent à chaque repas : riz complet, légumineuses, spaghettis complets cuits *al dente*, patate douce, quinoa, boulghour, sarrasin, épeautre, etc.

POUR
6 parts

PRÉPARATION
15 minutes

CUISSON
40 minutes

MON GÂTEAU DU DIMANCHE MATIN

Ingrédients

- 1 pot de yaourt nature (ou d'amande ou de coco)
- 3 pots de poudre d'amande (ou de noisette)
- 4 œufs
- 200 g de banane
- 1 c. à c. rase de bicarbonate de soude
- ½ pot d'huile de noisette
- ½ pot de miel (facultatif)
- Huile pour le moule

Préchauffez le four à 170 °C.

Gardez le pot du yaourt qui vous servira de mesure pour la poudre d'amande et le miel.

Mixez tous les ingrédients ensemble à l'aide d'un blender.

Versez la préparation dans un moule à gâteau standard préalablement huilé.

Faites cuire au four à 170 °C pendant environ 45 minutes, en surveillant la cuisson avec la pointe d'un couteau.

Astuce Si vous suivez un régime low carb ou cétogène, ne supprimez pas la banane dans ce gâteau, en revanche supprimez le miel.

POUR
4 tranches

PRÉPARATION
5 minutes

CUISSON
3 minutes

PAIN AUX OLÉAGINEUX

Ingrédients

- 75 g de poudre d'amande ou de farine de lin
- 20 g de graines de chia
- 1 c. à c. de bicarbonate de soude
- 1 généreuse pincée de sel
- Huile pour le mug

Mélangez les graines de chia moulues avec 75 ml d'eau fraîche. Laissez reposer quelques minutes le temps qu'un gel se forme.

Chemisez un grand mug avec l'huile.

Dans un récipient, mélangez la poudre d'amande ou la farine de lin, le bicarbonate et le sel.

Ajoutez-y les graines de chia réhydratées et mélangez pour obtenir une pâte uniforme.

Versez la pâte dans le mug et tassez bien.

Placez 3 minutes à pleine puissance au micro-ondes.

Vous pouvez aussi mettre ce pain dans un petit moule à cake allant au four et enfourner cette préparation durant 15 à 20 minutes à 170 °C.

Démoulez et coupez en tranches.

Astuce Vous pouvez ajouter une cuillère à soupe de mélange de graines pour un côté plus croquant.

Prévenir,

LE SURPOIDS ET LE DIABÈTE GESTATIONNEL

Maîtriser votre glycémie et conserver une bonne sensibilité à l'insuline est absolument indispensable au bon déroulement de votre grossesse.
Sans cela, vous risquez de prendre plus de poids que nécessaire, voire de déclencher un diabète gestationnel.
Tous les conseils alimentaires que je donne dans ce livre visent à maintenir votre glycémie dans une plage normale. Mais avant de vous guider concrètement, voyons comment varie votre glycémie.

QU'EST-CE QUE LA GLYCÉMIE ?

La glycémie est le taux de glucose dans le sang. La valeur est mesurée à jeun au moyen d'une prise de sang.
Au premier trimestre, la glycémie à jeun est normale si elle est inférieure à 0,92 g/l.
Au deuxième trimestre, si on détecte du sucre dans les urines ou si la future maman présente des facteurs de risque de diabète, le médecin peut ordonner un test d'hyperglycémie provoquée par voie orale, La glycémie sera considérée comme normale si elle est inférieure ou égale à 1,80 g/l au bout d'une heure, et à 1,53 g/l au bout de 2 heures.

Tout résultat supérieur à ces chiffres indique un diabète qui doit absolument être traité, car il en va de votre santé et de celle de votre bébé.

COMMENT VOTRE ALIMENTATION INFLUE SUR VOTRE GLYCÉMIE

Ce sont principalement les glucides issus des aliments que vous consommez qui vont influencer ce paramètre sanguin. Les glucides sont aussi appelés sucres et il y en a dans quasiment tous les aliments. C'est-à-dire qu'il y a des sucres dans les céréales, les légumineuses, les fruits, les légumes, le lait et les produits laitiers, le sucre de table classique ou ses équivalents (sirop d'agave, sucre de coco, etc.) et dans tous les produits sucrés. Mais tous n'ont pas le même impact sur la glycémie. Les glucides ultratransformés par les industriels provoquent des pics élevés de glycémie. On dit qu'ils ont un index glycémique élevé. Ces glucides sont omniprésents dans notre alimentation aujourd'hui. Bon nombre de futures mamans n'en ont pas conscience. Je reçois souvent en cabinet des patientes qui croient avoir une alimentation saine, équilibrée. Or, leur alimentation ne l'est pas du tout, car elle est trop riche en glucides à index glycémique élevé.

Voici un exemple type et récurrent d'alimentation hyperglycémiante :

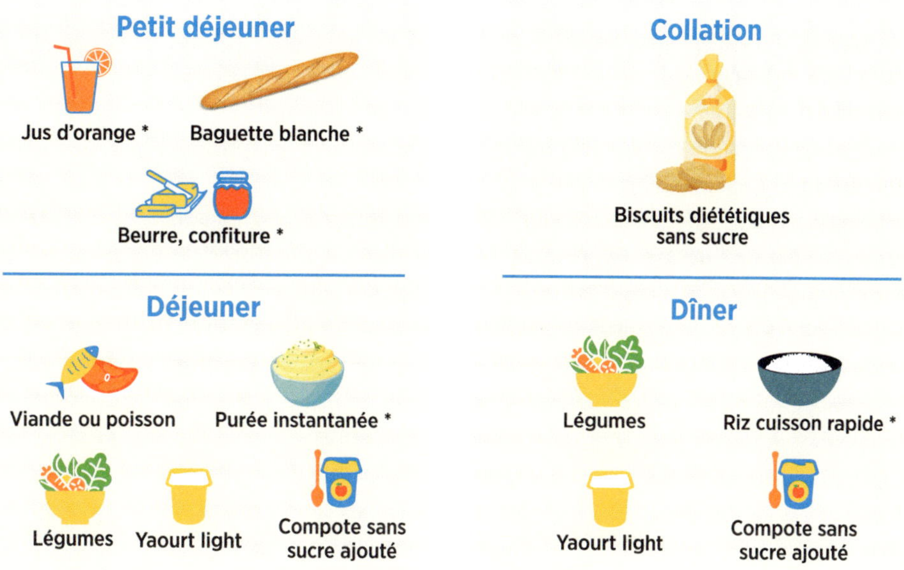

* aliments à index glycémique élevé

Premièrement, cette journée alimentaire-type renferme majoritairement des aliments riches en glucides laissant peu de place aux bonnes protéines et aux bonnes graisses, et deuxièmement, ces aliments ont des index glycémiques élevés.
Parce qu'il y a peu de viande, peu de graisses, des féculents, des légumes et des fruits, beaucoup pensent que cette journée est saine et nutritionnellement équilibrée. Selon moi, elle est en réalité trop riche en glucides et surtout, hyperglycémiante.

Bon à savoir

Fuyez tout ce qui est céréales soufflées telles que les galettes de riz soufflé ou de maïs. Beaucoup de futures mamans me rapportent qu'elles en consomment pour calmer les petits creux, croyant bien faire. Le procédé de fabrication de ces galettes fait que leur impact sur la glycémie est supérieur à celui du sucre de table.

Je vais maintenant vous expliquer pourquoi ces aliments font grimper en flèche votre glycémie. Lorsque vous consommez des glucides, ils sont digérés puis convertis en glucose que votre système sanguin transporte à travers tout le corps. C'est pourquoi ce sont principalement les glucides qui influent sur votre glycémie. Pour éviter qu'elle n'augmente trop, le pancréas fabrique une hormone appelée insuline. Cette hormone permet l'utilisation du sucre par les cellules et évite qu'il ne reste trop longtemps dans le sang. Une fois dans les cellules, le glucose a trois devenirs possibles :

- soit il est immédiatement brûlé et transformé en énergie ;
- soit il est stocké sous forme de glycogène (dans le foie et les muscles) pour être utilisé ultérieurement comme carburant ;
- soit il est transformé en graisse dans les cellules graisseuses, les adipocytes. La transformation est irréversible : la graisse ne peut plus être reconvertie en glucose ; elle sera donc soit brûlée, soit stockée. À cette étape-là aussi l'insuline intervient : c'est elle qui contrôle le stockage de la graisse dans les adipocytes. Plus votre taux d'insuline est élevé, moins il y a de graisse « brûlée », c'est-à-dire remise en circulation dans votre organisme pour y être utilisée comme carburant. Donc plus votre insuline est élevée, plus vous stockez.

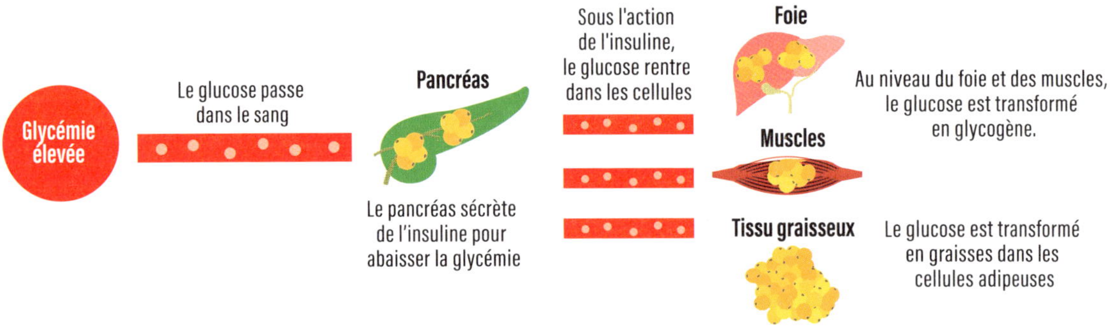

Concrètement, lorsque vous consommez souvent des glucides à index glycémique élevé, ou trop d'aliments glucidiques sur la journée (quel que soit leur indice glycémique), vous provoquez des pics de glycémie et d'insulinémie. Cela a plusieurs conséquences néfastes. Et cela se fait en plus au détriment d'autres nutriments qui seraient bien plus intéressants pour votre silhouette, votre santé et celle de votre bébé, comme certaines graisses qui vont notamment servir à la construction de son cerveau (le cerveau d'un bébé c'est environ 60 % de graisses) et les protéines nécessaires à la construction de son petit corps (voir p. 69 et p. 122).

LES CONSÉQUENCES D'UNE GLYCÉMIE TROP ÉLEVÉE

J'ai dressé ici la liste des conséquences les plus fréquemment observées d'une hyperglycémie lors d'une grossesse.

LES CONSÉQUENCES POUR VOUS

Une glycémie trop élevée favorise le stockage des graisses. Les kilos s'installent et la prise de poids peut s'emballer pendant la grossesse (voir « comment se répartit le poids pris durant la grossesse, p. 71). De plus, les pics de glycémie provoquent des hypoglycémies réactionnelles (qui ne sont pas forcément visibles sur le bilan sanguin). Le sentiment de satiété dure peu dans ces conditions. Vous êtes sujettes au grignotage quasi permanent, **vous vous sentez en petite forme physique, et vous avez moins d'énergie**. Si vous connaissez ces phénomènes depuis que vous êtes enceinte, sachez que ce n'est pas normal. Vous êtes enceinte, pas malade !

Au-delà d'un certain seuil (voir repères page 56), une glycémie élevée indique un **diabète gestationnel**, une maladie liée à la mauvaise gestion du sucre par l'organisme, qui peut avoir des effets délétères pour votre santé et celle de votre bébé.
Chez toutes les femmes enceintes, à partir du deuxième trimestre de grossesse, il est tout à fait normal qu'une résistance à l'insuline s'installe. C'est physiologique. En effet, certaines hormones produites par le placenta freinent l'action de l'insuline dans le but d'orienter le glucose prioritairement vers le fœtus. L'insuline étant moins efficace sur les tissus de la maman, son pancréas doit en produire beaucoup plus qu'à l'accoutumée pour réguler la glycémie.

Mais il peut arriver chez certaines femmes que le pancréas ne parvienne pas en produire suffisamment.

Vous êtes à risque de diabète gestationnel si :

- vous êtes sujette à une prise de poids excessive pendant votre grossesse ou vous étiez déjà en surpoids avant d'être enceinte.
- dans votre famille, il existe du diabète de type 2. Vous êtes alors prédisposée à un diabète qui peut se révéler durant votre grossesse ;
- Vous avez déjà accouché d'un bébé d'un poids supérieur à 4 kilos, ou vous avez déjà eu un diabète gestationnel.

Cela dit, n'importe quelle femme, quels que soient ses antécédents, peut développer un diabète gestationnel si son alimentation contient trop de glucides (ce qui est le cas de la majorité de la population, car les recommandations nutritionnelles officielles préconisent une telle alimentation). Voilà pourquoi le diabète gestationnel est systématiquement recherché chez toutes les femmes enceintes. Une glycémie élevée liée à un diabète gestationnel peut être dangereuse si elle n'est pas prise en compte.

DES RISQUES POUR VOTRE BÉBÉ

En cas de diabète gestationnel, le risque pour votre bébé est qu'il soit trop gros (c'est ce qu'on appelle la macrosomie). **L'hypoglycémie néonatale est également un risque.** C'est une chute brutale de la glycémie à la naissance. En effet, si le diabète gestationnel n'a pas été pris en charge, une fois le cordon ombilical coupé, le bébé qui s'est habitué à des apports importants en glucose, risque l'hypoglycémie les jours qui vont suivre sa naissance.

Le diabète gestationnel peut aussi augmenter les risques de dysfonctionnement des vaisseaux sanguins et de maladies cardiaques chez votre bébé, en détériorant une protéine musculaire responsable de la formation du réseau vasculaire[18].
Enfin, le risque le plus important en cas de diabète gestationnel est le risque de **prééclampsie**. La prééclampsie peut mettre en danger la maman et son bébé. Elle provoque une hypertension artérielle, des œdèmes et une perte de protéines dans les urines.

De manière générale, la prééclampsie peut entraîner plusieurs complications. Elle peut :

- nuire à la circulation des nutriments dans le placenta, ce qui peut ralentir la croissance du bébé ;
- mener au décollement du placenta et être ainsi à l'origine d'un accouchement avant terme ;
- entraîner chez la mère des complications qui touchent le foie et des troubles de coagulation du sang. Elle peut aussi causer des convulsions, et même une hémorragie cérébrale.

Par ailleurs, lorsque la prééclampsie est sévère, **le médecin peut décider de déclencher l'accouchement avant terme**. L'hypertension augmente donc le risque de naissances prématurées. Les accouchements par césarienne sont également plus fréquents.

Le diabète gestationnel n'est pas une chose à prendre à la légère. Heureusement, réduire les glucides de son alimentation permet de le prévenir facilement. Cela peut sembler compliqué au départ mais il n'en est rien et vous prendrez même plaisir à manger ainsi.

COMMENT PRÉVENIR LE DIABÈTE GESTATIONNEL EN PRATIQUE

Si vous n'êtes pas en surpoids, voici comment modifier votre alimentation afin de maîtriser facilement votre glycémie.

- Commencez par limiter voire éliminer le sucre et les produits sucrés. On peut s'en passer et on s'en sèvre facilement. Pour les plus accros, ça prend en moyenne trois semaines. Mais ça vaut le coup, outre le fait de prévenir ainsi le diabète et le surpoids, vous gagnerez au niveau de votre teint, de la beauté de votre peau, de votre énergie et de votre santé émotionnelle.

- Consommez des légumes à volonté. Si fruits et légumes ont des teneurs en fibres, vitamines, minéraux et antioxydants similaires, les légumes contiennent moins de glucides que les fruits.

- Si votre corps tolère bien les glucides, c'est-à-dire si votre glycémie affichée lors de la prise de sang reste dans les normes, si vous n'êtes pas en surpoids, vous pouvez tout à fait manger des féculents. Mais attention, sélectionnez les bons féculents et n'en mangez qu'une fois par jour (excepté si vous êtes sous-poids, dans ce cas-là vous pouvez en consommer à chaque repas). Les bons féculents sont les légumineuses et les produits à grains entiers (riz complet, sarrasin, quinoa complet, épeautre complet par exemple). Ils sont riches en fibres et en protéines, ce qui a pour conséquence de limiter les pics de glycémie et eux seuls, contrairement à leurs homologues raffinés, sont sources de vitamines et minéraux. Rappelez-vous l'importance de manger des aliments nutritionnellement denses (voir page 16). Il va sans dire que les féculents qui ne sont pas raffinés doivent être bios de préférence car ils contiennent encore l'enveloppe de la céréale qui est en contact direct avec les éventuels pesticides utilisés.

Bon à savoir

ATTENTION AUX CÉRÉALES COMPLÈTES ULTRATRANSFORMÉES

Ce n'est pas parce qu'un produit industriel porte la mention « céréales complètes » qu'il sera meilleur pour la santé qu'un produit équivalent raffiné. Pour la plupart des produits céréaliers ultratransformés, la version « complète » et la version raffinée ont en effet le même impact sur la glycémie[19, 20]. Le problème est que ces produits ne sont pas fabriqués avec le germe, l'endosperme et le son de la céréale d'origine. Et les techniques de préparation des céréales (qui sont cuites, émiettées, pulvérisées, grillées ou soufflées) les modifient tant qu'elles deviennent hyperglycémiantes. Deux études ont ainsi soulevé le fait que les produits industriels à base de céréales complètes ont souvent le même index glycémique que des produits céréaliers raffinés.

- Mangez un seul fruit par jour. Choisissez votre fruit préféré, sauf si vous suivez un régime extrêmement pauvre en glucides (voir p. 74) auquel cas il faudra faire votre choix parmi les fruits les plus pauvres en glucides uniquement et le consommer en très petite quantité.

- Consommer un à deux produits laitiers par jour au maximum si vous avez l'habitude d'en manger et de préférence en première partie de journée. Choisissez les yaourts nature, au lait de chèvre ou de brebis de préférence, issus de l'agriculture biologique, et surtout n'achetez plus de yaourts *light*.

Bon à savoir

TRAQUEZ LES GLUCIDES CACHÉS

Parfois, certains croient ne consommer que très peu de glucides alors que la réalité est tout autre. Sur les étiquettes des produits que vous achetez, reportez-vous à la ligne « glucides » (et pas seulement à la ligne « dont sucres »). Les produits les plus trompeurs sont les gâteaux et biscuits vendus au rayon diététique qui portent la mention « sans sucre ».

Sans forcément manger différemment, on peut maîtriser plus facilement sa glycémie par des mesures simples. Un petit nombre d'études a montré que le fait de consommer les glucides en fin de repas permet de diminuer la glycémie post-prandiale (celle qui suit le repas). En pratique, organisez-vous ainsi : mangez les légumes et les protéines en premier, afin de ralentir la libération des sucres dans le sang[21]. Réservez les aliments glucidiques (pâtes, riz, produits de panification, et bien sûr fruits) pour la fin du repas, en choisissant en majorité des aliments à index glycémique (IG) bas à modéré.

Ma petite astuce

Si vous avez envie d'un biscuit, d'une pâtisserie, d'une glace et que vous n'avez pas de problème de poids ou de diabète, accordez-vous ce petit plaisir de façon occasionnelle mais à la fin de votre repas, qui devra être idéalement sans féculent.

Pratiquez une activité physique de 30 à 60 minutes après le repas. Une petite étude pilote[22, 23] a montré que des personnes âgées à risque de diabète qui marchaient 15 minutes après chaque repas ont amélioré leur glycémie. Cet effet de l'activité physique dépend du moment auquel elle est pratiquée. En termes de glycémie, la période qui suit un repas se découpe en trois phases : une phase précoce (de 0 à 30 minutes après le repas), une phase intermédiaire (de 30 à 90 minutes après le repas) et une période tardive (au-delà de 90 min). Le pic de glucose dans le sang se trouve dans la période intermédiaire (entre 30 et 90 min).

ENVIE D'UNE PETITE DOUCEUR ? FAUT-IL OPTER POUR DU VRAI SUCRE OU UN SUBSTITUT ?

Vous pouvez être tentée d'utiliser des substituts de sucre pour sucrer boissons, produits laitiers, etc. Mais il vous faut être vigilante sur ce point. Une étude menée sur des rats de laboratoire a en effet montré que la consommation d'édulcorants, naturels ou non, durant la grossesse, pouvait perturber le poids, la glycémie et le microbiote intestinal chez les mamans et les bébés, majorant leur risque de souffrir d'obésité plus tard. Et ceci, même avec la stevia, qui est pourtant une alternative naturelle[24]. Une autre étude menée auprès de 60 000 Danoises enceintes révèle que le risque de naissance prématurée augmente avec la consommation d'édulcorants présents notamment dans les boissons gazeuses *light*. Mieux vaut donc, au nom du principe de précaution, éviter de consommer des édulcorants durant la grossesse et l'allaitement, quitte à opter occasionnellement pour un peu de miel ou du sucre non raffiné (sauf contre-indication médicale de type diabète gestationnel). Si vous suivez un régime cétogène pour raison médicale, telle que l'épilepsie par exemple (voir page 74), et si vous avez vraiment envie de sucre, préférez toutefois de la stevia ou de l'érythritol mais de manière très occasionnelle. Un maximum d'une fois par semaine n'aura pas d'impact sur votre santé ni sur celle de votre bébé.

Si vous êtes en surpoids et que votre glycémie est chroniquement élevée, pouvant présager un diabète gestationnel, je vous conseille de suivre un régime pauvre en glucides appelé plus communément low carb et donc de franchir un pas supplémentaire dans la réduction des glucides.

SI VOUS ÊTES EN SURPOIDS, OPTEZ POUR UN RÉGIME LOW CARB

Pourquoi faire le choix d'une alimentation qui peut vous sembler restrictive ? Tout simplement parce que cela vous évitera de développer un diabète gestationnel – ce qui est bénéfique pour vous et votre bébé (voir page 59) – mais aussi parce que cela vous aidera à perdre du poids au premier trimestre de grossesse et à ne pas trop en prendre en l'espace de 9 mois. Je vais vous expliquer pourquoi il est aussi important de surveiller son poids, avant d'entrer dans les détails d'une diète low carb.

Le surpoids et l'obésité augmentent le risque d'infertilité, surtout lorsque l'accumulation de graisse se situe au niveau abdominal. Chez la femme enceinte, ils augmentent aussi le risque de fausse couche. Comment expliquer que le surpoids ait de telles conséquences ? On n'en a pas encore compris tous les mécanismes.
Mais ce n'est pas tout. Au cours de la grossesse, un excès de poids engendre aussi un risque (en plus du risque plus élevé de diabète gestationnel) d'hypertension artérielle gravidique, de prééclampsie ou de complications thromboemboliques.

Au moment de l'accouchement, on observe que chez les femmes en surpoids, le dépassement de terme est plus fréquent, ainsi que le besoin de recourir à un déclenchement du travail. L'indice de masse corporelle (IMC) est directement corrélé à la fréquence d'accouchements difficiles (corrélation avec le taux d'extraction instrumentale, de dystocie des épaules et de césarienne, surtout si une prise de poids importante se rajoute pendant la grossesse). Les difficultés d'anesthésie en particulier en cas d'obésité morbide sont plus fréquentes. La durée du travail est allongée.

Au cours du post-partum, que la naissance ait eu lieu par voie naturelle ou par césarienne, il existe un risque accru de complications : augmentation de complications infectieuses et d'accidents thromboemboliques, d'hémorragies du post-partum, contribuant, avec l'augmentation du taux de césarienne, à un risque d'anémie plus important.

En cas d'obésité, il existe un taux plus élevé de malformations congénitales (indépendant des facteurs nutritionnels tels que l'apport en folates), surtout pour les patientes avec un diabète, de macrosomie (poids de naissance supérieur à 4 kg), de taux d'admission en unités de soins intensifs des nouveau-nés. Les enfants ont ensuite presque cinq fois plus de risque d'être obèses à leur tour que des enfants nés de mère de poids normal, et ce très tôt dans l'enfance s'ils pèsent plus de 4 kg à la naissance.

L'HYPERTENSION, UN FACTEUR DE RISQUE À NE PAS NÉGLIGER

L'hypertension artérielle est un élément à surveiller de près. En effet, une hypertension lors d'une grossesse est source de :

- complications maternelles pouvant mettre en jeu le pronostic vital avec risque de prééclampsie (voir page 60),

- complications pour votre bébé, avec une élévation du risque de retard de croissance intra-utérin, de prématurité, etc.

Vous l'aurez compris, être en surpoids fait planer sur vous et votre enfant plusieurs risques sérieux. La bonne nouvelle, c'est que l'on peut les réduire facilement en adoptant un régime alimentaire pauvre en glucides, ce que j'ai constaté dans ma pratique professionnelle.

En surveillant de manière assez stricte vos apports de glucides, vous allez abaisser votre glycémie, votre insulinémie et amener votre organisme à brûler principalement des graisses. C'est un processus métabolique sans risque et parfaitement normal. Il s'agit de transformer vos réserves de graisse corporelle en énergie et de profiter d'un effet secondaire bienvenu : la perte de poids.

BIEN CHOISIR SES GRAISSES ALIMENTAIRES

Ne les négligez pas, car l'idée n'est pas de faire un régime hypocalorique mais de changer le type d'apport calorique, en diminuant les glucides au profit des bonnes graisses et des protéines.
Les huiles d'olive et de colza sont les huiles les plus courantes et faciles à trouver dans le commerce. Mais d'autres huiles peuvent s'y substituer.

L'huile d'olive, intéressante pour ses oméga-9, peut être remplacée ponctuellement par l'huile de noisette et l'huile d'avocat et par des graisses animales comme les graisses d'oie et de canard.

L'huile de colza qui est une bonne source d'oméga-3 peut être remplacée par de l'huile de lin, de l'huile de chanvre, de l'huile de noix, ou de cameline.
J'attire votre attention sur l'importance d'un apport quotidien en oméga-3. Oméga-3 et oméga-6 sont des acides gras essentiels qui ne peuvent nous être apportés que par l'alimentation mais en respectant un certain ratio (5 oméga-6 pour 1 oméga-3, pas plus). Les oméga-6 étant beaucoup plus présents dans les aliments que les oméga-3,

nous devons penser à consommer très régulièrement les huiles (et les oléagineux) qui apportent une bonne part d'oméga-3. Les huiles végétales très riches en oméga-6 (huiles de tournesol, pépins de raisin, maïs) ne doivent pas être consommées quotidiennement, notre alimentation contenant déjà beaucoup d'oméga-6.

L'huile de coco et le ghee (beurre clarifié), riches en triglycérides à chaîne moyenne, sont également intéressants car ce sont des graisses facilement métabolisées qui apportent de l'énergie rapidement.

Les aliments gras suivants ont toute leur place dans ce type de régime (si vous les tolérez bien sûr).

• **Produits laitiers gras**

Une portion au choix : 1 yaourt, qui peut être entier ou à la grecque, 30 à 40 g de fromage, 120 ml de lait, 100 g de crème fraîche, crème épaisse ou crème fleurette.

• **Des oléagineux et graines**

Les fruits oléagineux sont, comme leur nom l'indique, des fruits dont on peut extraire de l'huile. Ils contiennent donc principalement des graisses, mais ils apportent également, en plus ou moins grande quantité, des glucides et des protéines.

Les plus glucidiques : les noix de cajou, les pignons de pin, les pistaches.

Les plus gras : les noix de pécan, de macadamia et du Brésil.

Les plus protéinés : les amandes, les cacahuètes, les graines de lin, les graines de chia, les pistaches.

Les plus riches en fibres : les amandes, les graines de lin, les graines de chia.

BIEN CHOISIR SES PROTÉINES

Vous pouvez manger des protéines, qu'elles soient de source animale ou végétale, dans les quantités habituellement recommandées pour les femmes qui souhaitent perdre du poids, c'est-à-dire 1 g de protéines par kilogramme de poids corporel.

Sachez qu'en moyenne 100 g de viande, poisson, œuf ou alternatives végétales apportent 18 à 20 g de protéines.

Ces choix nutritionnels entraînent l'organisme à brûler davantage de graisses et à fonctionner plus efficacement.

LES BONS GESTES À ADOPTER UNE FOIS ENCEINTE

Si vous êtes en surpoids, en plus des 7 conseils listés page 62 :

• Mangez un petit fruit par jour seulement ou ½ fruit de taille plus importante. Un kiwi, une clémentine par exemple.

• Mangez tous les légumes en quantité libre.

• Mangez des féculents à index glycémique bas, trois fois par semaine seulement. Au choix parmi les féculents : légumineuses ou riz complet, orge, patate douce, quinoa, graines de sarrasin ou de petit épeautre, ou tout autre grain entier. Toujours en quantité inférieure aux légumes et en fin de repas.

Pour des idées recettes low carb, je vous conseille la lecture de mon livre *Low carb – 101 recettes pauvres en glucides.*

UN RÉGIME LOW CARB N'EST PAS RISQUÉ S'IL EST ÉQUILIBRÉ

Une étude avait mis à mal les régimes restreints en glucides durant la grossesse, les accusant d'être responsables d'une augmentation de 30 % du risque de malformations congénitales chez le bébé. Dans le même temps, cette étude mettait en évidence que l'apport alimentaire moyen en acide folique (vitamine B9) chez les femmes ayant un apport limité en glucides était inférieur à la moitié de celui des autres femmes. Or, cette vitamine prévient les malformations congénitales. Comprenez bien. Ce n'est pas la limitation des glucides qui posait problème mais bien le choix des aliments par certaines femmes au cours de leur régime hypoglucidique. C'est la raison pour laquelle je vous encourage à consulter un diététicien pour vous accompagner.

Parmi les aliments les plus riches en acide folique, en dehors du foie d'animaux déconseillé pendant la grossesse, citons les légumes à feuilles vertes (épinards, cresson, mâche, salade, oseille, chicorée, choux de Bruxelles), les légumes de couleur orange (potiron, carotte), le melon, les fruits secs à coque (amandes, noix, noisettes), certains fromages (attention à ceux qui sont déconseillés pendant la grossesse) et les œufs. Tous ces aliments s'intègrent dans un régime pauvre en glucides. On en trouve aussi dans le germe de blé et la levure de bière. En moindre mesure mais en quantité toutefois intéressante, il y en a dans le persil, la menthe, les haricots verts, la tomate, l'artichaut, l'oignon, l'endive, le brocoli, l'asperge, la banane, la figue, les fruits rouges, le kiwi, le poireau, les agrumes, la betterave, l'avocat… En somme, si vous suivez les conseils de ce livre, vous ne serez aucunement à risque de carence en vitamine B9. Il y en a également dans les légumineuses que je conseille de consommer jusqu'à trois fois par semaine.

NE LÉSINEZ PAS SUR LES QUANTITÉS

Le régime pauvre en glucides n'est pas un régime hypocalorique. En effet, la diminution de la quantité de calories ingérées durant les premiers mois de grossesse perturberait le développement du cerveau du fœtus.

Afin de déterminer l'impact de l'alimentation de la mère sur le développement cérébral du fœtus, une étude a été menée sur le babouin, dont les étapes du développement cérébral sont très proches de celles de l'humain. Durant la première moitié de la gestation, une partie des femelles a pu manger les quantités de nourriture désirées tandis que les quantités de nourriture ont été réduites de 30 % pour l'autre groupe. Chez les fœtus des femelles dont l'apport a été réduit, on constate une diminution de la formation de connexions entre les neurones mais également une diminution des facteurs de croissance[26]. Plutôt que de vous orienter vers la diminution des calories, mieux vaut repenser la répartition des calories.

VOTRE OBJECTIF : LIMITER LA PRISE DE POIDS PENDANT LA GROSSESSE

En moyenne, durant la grossesse, les femmes prennent 12 kg de poids corporel qui se répartissent entre :

- le poids du bébé ;
- le placenta ;
- le liquide amniotique ;
- les réserves de graisses (nous pouvons agir sur ce point) et augmentation du volume des seins et de l'utérus ;
- l'augmentation du volume sanguin ;
- la rétention d'eau (nous pouvons agir sur ce point).

Le fait de suivre un régime low carb, qui va maintenir des taux de sucre et d'insuline sanguins à des niveaux bas, amène le corps à rejeter davantage de sodium dans les urines. Les liquides suivant le sodium, la rétention d'eau sera moindre que pour une femme enceinte qui suit un régime alimentaire classique.

	PRISE DE POIDS NORMALE	VOTRE OBJECTIF SI VOUS ÊTES EN SURPOIDS
1er trimestre de grossesse	1 kg par mois	0 kg par mois ou éventuellement une perte de poids
2e trimestre de grossesse	1,5 kg par mois	1 kg par mois
3e trimestre de grossesse	2 kg par mois	1,5 kg par mois

Bien sûr, cela est une moyenne. Mais l'avoir en tête vous donnera certains repères.

Au cours d'une grossesse en bonne santé, l'organisme stocke des graisses afin d'avoir l'énergie nécessaire pour le travail et l'accouchement. Ces réserves serviront également lors de l'allaitement – pour celles qui choisissent d'allaiter. Ces besoins caloriques supplémentaires ne sont pas pour autant une invitation à manger sans compter des beignets, des biscuits et de la crème glacée. Il faut faire des choix judicieux pour façonner un bébé et optimiser sa santé.

CES ENVIES IRRÉPRESSIBLES QUI PEUVENT FAIRE PRENDRE DU POIDS

Les « envies de femme enceinte » restent inexpliquées scientifiquement même si quelques hypothèses sont parfois mises en avant[27].

Elles pourraient être dues notamment aux fluctuations hormonales liées à cette période particulière de la vie d'une femme. Celles-ci auraient un impact sur les neurotransmetteurs au point de modifier les sensations gustatives et olfactives uniquement durant la grossesse.

Une autre hypothèse est que ces envies alimentaires serviraient à prévenir d'éventuelles carences en nutriments indispensables au bon déroulement de la grossesse et à la nutrition du bébé en formation. Ainsi, les besoins de l'organisme en un nutriment particulier seraient à l'origine de fringales pour un aliment particulièrement riche en ce nutriment. Mais cette hypothèse est peu convaincante, car des études ont montré que les envies concernent majoritairement des aliments peu denses nutritionnellement (se portant davantage sur des aliments sucrés que sur des légumes ou légumineuses).

Les chercheurs ont aussi émis une troisième hypothèse selon laquelle les aliments désirés lors de ces fringales seraient ceux contenant des substances antinauséeuses ou antiacides, permettant ainsi de soulager les lourdeurs d'estomac, les remontées acides et les nausées survenant durant la grossesse.

Mais le plus probable serait sans doute l'influence des facteurs socioculturels. Par exemple, les chercheurs ont recensé des différences notables concernant les types d'aliments désirés en fonction des endroits du monde (les Américaines ayant des envies de chocolat alors que les Japonaises seraient attirées davantage vers des aliments à base de riz). De plus entrent en jeu dans ces facteurs socioculturels les croyances et coutumes liées à la grossesse en autorisant la femme enceinte à manger « pour deux », à se « chouchouter » dans cette période particulière et à se permettre un certain laisser-aller vers des aliments qu'elle ne s'autoriserait pas en dehors de la grossesse.

Attention, ne minimisez pas l'impact négatif de ces aliments souvent trop sucrés et peu intéressants d'un point de vue nutritionnel car les kilos peuvent vite s'envoler lorsque vous succombez à ces fringales.

Une petite astuce toute simple et sans danger : sentez un bâton de cannelle quand l'envie arrive. C'est presque magique pour certaines d'entre vous.

LE RÉGIME CÉTOGÈNE DANS CERTAINS CAS EXCEPTIONNELS

Le régime cétogène est un régime encore plus restrictif que le régime low carb, en ce sens qu'il autorise très peu de glucides et que, par conséquent, il nécessite de compenser par des apports très importants en graisses. Le régime cétogène peut être mis en place dans deux situations :
- si vous souffrez d'épilepsie par exemple (certains médicaments antiépileptiques étant contre-indiqués en cas de grossesse, suivre un régime cétogène peut avoir du sens) ;
- dans certains cas de diabète gestationnel.

Dans chacune de ces situations, le régime cétogène doit être supervisé par un médecin.

Les mécanismes justifiant la mise en place du régime cétogène pour raison thérapeutique (épilepsie, maladie neurodégénérative, diabète de type 1 ou 2, suites de cancer...) dépassent le cadre de ce livre. Aussi vais-je simplement vous expliquer pourquoi il est indiqué en cas de diabète gestationnel.
Au cours de la grossesse normale, il existe une insulinorésistance physiologique, progressive et réversible. L'insulinorésistance est un phénomène physiologique qui permet de rendre le glucose davantage disponible pour votre bébé et qui est le résultat d'action d'hormones placentaires. Le pancréas de la maman sécrète alors encore plus d'insuline, afin de réguler la glycémie et ainsi pallier cette résistance physiologique à l'insuline (voir page 59).

Au cours du diabète gestationnel, cette même situation d'insulinorésistance se produit. En revanche, le pancréas n'arrive plus à compenser l'insulinorésistance et à produire suffisamment d'insuline. La glycémie s'envole.

DES SIMILITUDES ENTRE DIABÈTE GESTATIONNEL ET DIABÈTE DE TYPE 2

Sur le plan physiopathologique, il semblerait que les mêmes mécanismes soient impliqués dans le diabète gestationnel et dans le diabète de type 2, faisant penser qu'il pourrait s'agir de la même entité pathologique à des stades différents. D'ailleurs, bien que la tolérance au glucose se normalise le plus souvent rapidement après l'accouchement, la femme ayant un antécédent de diabète gestationnel est à très haut risque de développer un diabète de type 2 par la suite. Une femme qui a eu un diabète gestationnel est en effet environ sept fois plus à risque de développer un diabète de type 2 qu'une femme n'en ayant pas eu. Raison pour laquelle il est important d'adopter au moins un régime low carb préventif après l'accouchement.

Si le diabète gestationnel n'est pas traité, le fœtus est exposé à un excès de glucose, ce qui accélère sa croissance (le fœtus grossit trop vite par rapport à son âge). Le risque est donc de donner naissance à un bébé plus grand, plus gros (macrosomie).
Une fois que le bébé est né, il continue de fabriquer de l'insuline alors qu'il n'est plus confronté à une glycémie élevée. Le risque pour lui est de faire des hypoglycémies sévères.
En plus du risque d'accoucher d'un bébé de poids élevé, s'ajoutent des risques d'accouchement prématuré et de brusque rupture placentaire, qui peut être fatale à la mère et au bébé, un traumatisme pendant l'accouchement (hémorragies, détresse respiratoire...), la mort *in utero* du bébé et des risques de développement de l'obésité et du diabète plus tard pour votre enfant.

Bon à savoir

Les signes qui alertent d'un diabète gestationnel : soif excessive avec bouche sèche, miction fréquente, infections à répétition comprenant le muguet ou la levurose et infections urinaires, état de faiblesse.

COMMENT ÇA MARCHE ?

Le régime cétogène est un régime qui permet de changer le carburant de vos cellules. Lorsque vous avez une alimentation classique, les cellules de votre organisme ont l'habitude de carburer au glucose, c'est-à-dire aux glucides (ou sucres). Avec un régime cétogène, les graisses de l'alimentation vont permettre aux cellules de changer de carburant, et d'utiliser ce qu'on appelle des corps cétoniques comme source d'énergie. Plusieurs études ont démontré que le régime cétogène était efficace dans le cadre d'un diabète de type 2[28,29], dont les mécanismes sont certainement très similaires à ceux du diabète gestationnel.

Pourquoi ça marche ? Tout simplement parce que le régime cétogène permet de contourner le problème de traitement du glucose par l'organisme et donc d'éviter la série de complications liées au diabète gestationnel. Ce régime peut même permettre de diminuer les injections d'insuline, lorsque vous devez prendre de l'insuline, et dans le meilleur des cas peut même vous permettre d'éviter un traitement à l'insuline.

Sachez que la faible teneur en glucides du régime n'est ni dangereuse pour la maman, ni pour le bébé, à condition que le régime soit bien équilibré, et mis en place avec l'accompagnement d'un professionnel de santé spécialiste du régime cétogène. Plusieurs peuples du monde ont une alimentation naturellement cétogène, comme les Inuits par exemple, et donnent naissance à des bébés en pleine santé. J'ai moi-même accompagné des patientes atteintes de diabète gestationnel et nous avons toujours obtenu de bons résultats, sans effets secondaires indésirables, avec le régime cétogène.

LE RÉGIME CÉTOGÈNE, UNE PRATIQUE THÉRAPEUTIQUE ANCIENNE

Pour la petite histoire, le régime cétogène a été créé en 1921 par le docteur Russel Wilder (Mayo Clinic, Minnesota) pour traiter avec succès l'épilepsie des enfants, sans aucun médicament. Abandonné quelque temps en raison de la prise en charge uniquement médicamenteuse de la pathologie, le régime cétogène est à nouveau largement prescrit à de très nombreux patients épileptiques, enfants comme adultes, y compris dans des hôpitaux français comme l'hôpital Necker. Au cours de cette dernière décennie, ce régime s'est révélé avoir un potentiel thérapeutique exceptionnel dans d'autres maladies rencontrées fréquemment dans notre civilisation, pour lesquelles aucun traitement totalement efficace n'a été découvert et dont l'issue peut être handicapante, voire fatale. Le diabète de type 2 et le diabète gestationnel en font partie.

L'ALIMENTATION CÉTOGÈNE EN PRATIQUE

Un régime cétogène (qui peut aussi être appelé *low carb high fat* ou LCHF) permet à l'organisme de changer de carburant et de tirer l'énergie nécessaire à son fonctionnement à partir des graisses. Pour le pousser à produire des corps cétoniques ou cétones (qui seront le nouveau carburant des cellules), le régime consiste à lui fournir un apport très limité en glucides, une quantité normale de protéines, et surtout beaucoup de graisses. C'est ainsi seulement qu'il se met à produire des cétones. Les cétones sont fabriquées par le foie, à partir des graisses (alimentaires ou corporelles) et sont utilisables comme source d'énergie par toutes les cellules (sauf les globules rouges qui continuent de « carburer » au glucose). Même les cellules du cerveau, les neurones, utilisent les cétones. Certains soignants prétendent le contraire mais ils confondent corps cétoniques et graisses brutes. En effet, le cerveau ne peut pas utiliser directement les graisses pour fonctionner – contrairement aux muscles – mais il peut utiliser des graisses transformées en corps cétoniques et en est même particulièrement friand. Les personnes qui ont adopté le régime cétogène peuvent l'attester : leurs performances intellectuelles sont accrues. De plus le régime cétogène a montré ses bienfaits dans le cadre de troubles neurodégénératifs, tels que la maladie d'Alzheimer.

Schéma de la production de corps cétoniques

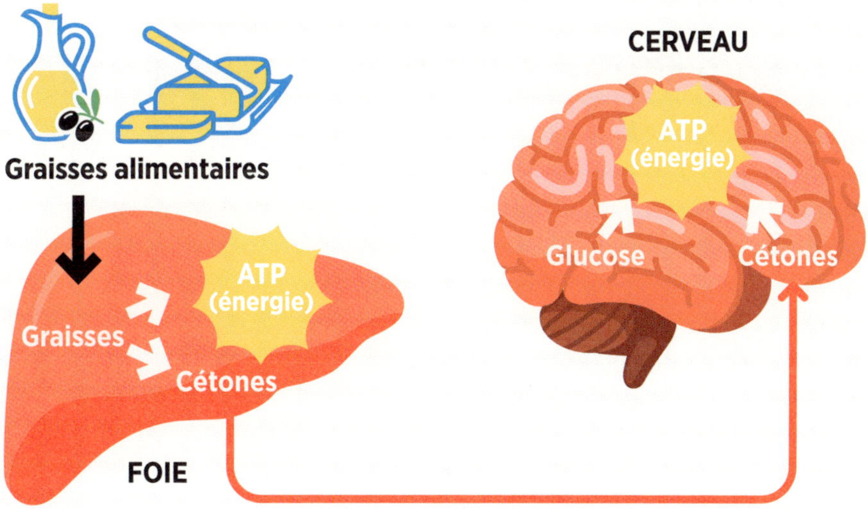

Quand le corps produit des cétones ou corps cétoniques, on dit qu'il est en « cétose alimentaire ». Ceci est un processus tout à fait physiologique qui ne doit pas être confondu avec la production pathologique, excessive et incontrôlable de corps cétoniques du diabétique qui est nommée « acidocétose du diabétique ». Attention, aussi surprenant que cela puisse paraître, de nombreux médecins et infirmiers confondent les deux.

Attention !
Le régime cétogène utilisé à des fins thérapeutiques dans le cadre d'un diabète gestationnel doit impérativement être encadré par un professionnel de santé.

RÉDUIRE LES GLUCIDES, MAIS DE COMBIEN ?

Le régime cétogène est une alimentation qui implique une forte diminution de l'apport en glucides (par rapport à une alimentation normale) afin de permettre au corps de se tourner vers les graisses pour fabriquer des cétones. Quelle quantité maximale de glucides peut-on alors consommer pour que le corps fabrique des cétones ? En fait, cela va dépendre de chacun mais en règle générale, dans le cadre d'une grossesse, il faudra viser un apport maximal de 30 g de glucides par jour au premier trimestre, 40 à 50 g par jour au second trimestre, puis 50 à 60 g par jour au dernier trimestre (en veillant à bien lisser l'apport en glucides sur toute la journée). Cela est suffisant pour normaliser la glycémie.

LES GESTES À ADOPTER SI JE SUIS UN RÉGIME CÉTO

Je supprime :

- **les sucres (y compris le sirop d'agave, le sucre de coco, le sucre de canne complet, le miel) et les produits sucrés,**
- **les fruits qui contiennent plus de 7 g de glucides pour 100 g, c'est-à-dire la majorité d'entre eux,**
- **les féculents (pommes de terre, patates douces et autres tubercules riches en amidon, les pâtes, le riz, les légumineuses) et autres céréales et leurs dérivés (semoule, farine et les aliments qu'elles permettent de réaliser) ainsi que le pain sous toutes ses formes,**
- **les laitages *light*.**

QU'EST-CE QU'UN RATIO CÉTOGÈNE ?

C'est la quantité de lipides (graisses) consommés, par rapport à la somme des quantités de protéines et de glucides consommés.
Ainsi, un ratio 1:1 correspond à un apport de graisses égal à la somme des apports de protéines et de glucides.
Un ratio 2:1 correspond à un apport de graisses deux fois supérieur à la somme des apports de protéines et glucides.
Un ratio 3:1 correspond à un apport de graisses trois fois supérieur à la somme des apports de protéines et glucides.
C'est le ratio 1:1 que je conseille habituellement. Mais selon les cas, par exemple en cas de sous-poids, il peut être nécessaire de passer à un ratio plus élevé (2:1 ou 3:1) afin que l'alimentation apporte suffisamment de graisses pour fournir l'énergie nécessaire sans que le corps ait à piocher dans ses propres réserves de graisse.

Notez que pour une même quantité d'huile, pour un même ratio, le choix de l'huile peut agir sur la production de corps cétoniques. En effet, l'huile de coco et les huiles TCM (triglycérides à chaînes moyennes) favorisent la production de corps cétoniques, permettant ainsi de réduire le ratio. Cependant de nombreuses personnes ne tolèrent pas plus de 30 grammes par jour de ces huiles, mais même si vous en tolérez plus (et je vous incite alors à en utiliser plus), son utilisation ne doit pas justifier le retrait d'autres huiles contenant d'autres variétés d'acides gras, de votre alimentation.

Bon à savoir

Dans un régime cétogène, on oublie les calories. Seules comptent les teneurs en glucides, protéines et lipides.

COMMENT DÉTERMINER LA QUANTITÉ DE PROTÉINES ?

Faites une estimation à partir de votre poids corporel.
Au premier trimestre : vous aurez besoin de 0,8 g de protéines par kilo de poids corporel.
Au second trimestre : comptez 1 g de protéines par kilo de poids corporel.
Au troisième trimestre : 1,2 g de protéines par kilo de poids corporel.

ET LES GRAISSES ?
Pour calculer la quantité de lipides dont vous avez besoin, additionnez la quantité de glucides consommés et la quantité de protéines consommées et vous obtenez la quantité minimale de gras à consommer.
Par exemple, si vous consommez 50 g de glucides et 70 g de protéines, vous devez ingérer au moins 120 g de gras.

LES ÉQUIVALENCES ET VALEURS NUTRITIONNELLES MOYENNES À CONNAÎTRE

	TENEUR EN PROTÉINES	TENEUR EN LIPIDES	TENEUR EN GLUCIDES
100 g de viande, poisson ou autre produit de la pêche	18 à 20 g	5 g	0
100 g de légumes	1 g	0	5 g
100 g de fruits	0	0	12 g
100 g de fromage	24 g	22 g	0
Un yaourt gras	4 g	13 g	5 g
100 g d'oléagineux	15 g	60 g	10 g
10 g d'huile = 10 g de graisse animale (de canard, d'oie, le suif, le saindoux, le ghee) = 14 g de beurre ou de margarine = 30 g de crème fraîche, crème fleurette ou crème de coco = 60 ml de crème soja fluide ou 110 ml de crème d'amande			

Ce sont des valeurs moyennes. Il est important que vous ayez un compteur de glucides pour connaître précisément les valeurs nutritionnelles de chaque aliment.

COMMENT ENTRER EN CÉTOSE ?
Le meilleur conseil que je puisse vous donner (en plus de celui de consulter un professionnel formé à la diète cétogène) est de vous munir d'un compteur de glucides (*Le Compteur de glucides*, aux éditions Thierry Souccar) pour mieux connaître la teneur en glucides des aliments courants.
Une fois le régime cétogène adopté, vous serez en état de cétose, c'est-à-dire que votre corps produira des corps cétoniques à partir des graisses, au bout d'une semaine en moyenne.

COMMENT ÊTRE SÛRE D'ÊTRE EN CÉTOSE ?

Pour être sûr d'être en cétose, il existe des tests mesurant le taux de cétones dans les urines à l'aide de simples bandelettes (disponibles en pharmacies ou sur Internet) comme les Kéto-Diastix. Ils peuvent être utilisés au bout de 2 à 3 jours de régime cétogène. Lorsque l'urine contient des cétones, la bandelette change de couleur et un nuancier vous permet de déterminer si le taux est bas, modéré ou élevé. Le meilleur moment pour faire un test urinaire est le début de soirée (les urines du matin en contenant peu en général) mais surtout pas après un effort intense, ni après avoir bu une grande quantité d'eau.
Des appareils électroniques plus coûteux, mais permettant une mesure plus fiable, à la fois de la glycémie et du taux de cétones sanguin, sont également disponibles en pharmacie ou en ligne.
Concernant la prise de sang qui permet le dosage des cétones, même prescrite, elle sera à votre charge et vous ne trouverez pas facilement un centre acceptant de faire le dosage. Elle ne renseigne de plus que sur la cétose au moment de la prise de sang.
Le test par bandelettes est tout à fait suffisant.

Durant les quelques premiers jours, vous risquez de ressentir des symptômes désagréables qui signalent que votre corps bascule progressivement en cétose. Leur présence est donc plutôt bon signe à cet égard. Rassurez-vous, cela est très transitoire. Certains ressentent de la fatigue, des maux de tête, des nausées, une soif accrue, des palpitations, ont une mauvaise haleine. C'est ce que l'on appelle la « grippe cétogène ».

LES GESTES À ADOPTER POUR « ÉVITER LA GRIPPE CÉTO »

- Buvez beaucoup d'eau (au moins 2 litres par jour) dont au moins un demi-litre d'eau riche en sels minéraux (Hépar, Quézac, Rozana, St-Yorre, Arvie).
- Ne supprimez pas le sel de votre alimentation. Si vous avez tendance à avoir la main légère avec le sel, habituez-vous à saler un peu plus.
- Pour les problèmes de mauvaise haleine, buvez des tisanes de menthe, mâchez des graines de fenouil.
- N'hésitez pas à fractionner votre alimentation. Cela ne signifie pas manger davantage mais faire plus de petits repas plus légers.

Le passage en cétose ne se traduit pas que par des symptômes désagréables. Vous allez rapidement aussi avoir moins de « coups de barre » après les repas, et vous bénéficierez d'une clarté mentale accrue.

Dans le tableau ci-dessous, je vous indique les aliments de base avec lesquels vous devez constituer vos repas pour obtenir les quantités nécessaires de graisses, protéines et glucides sur la journée. Répartissez-les sur au moins trois repas.

LES ALIMENTS DE BASE D'UN RÉGIME CÉTOGÈNE

Graisses pures	**Graisses végétales** • Huile de noix de coco (+++) car les triglycérides à chaînes moyennes (TCM) qu'elle contient favorisent la cétose (maximum 40-50 g/jour car risque d'inconfort digestif au-delà). • Graisses contenant aussi des TCM : beurre clarifié (ghee), huile de palme rouge et huile TCM vendue en pharmacie ou parapharmacie (c'est celle qui en contient le plus). • Huiles d'olive et de colza. Un apport 50/50 d'huile d'olive et d'huile de colza apporte l'équivalent d'une part d'oméga-3, pour 3 parts d'oméga-6 et 12 parts d'oméga-9, un bon ratio. D'autres huiles végétales peuvent être consommées (plus d'infos p. 68). **Graisses animales** Graisses de bonne qualité, issues d'animaux nourris sainement : canard, oie, suif, saindoux. Surtout, ne les excluez pas sous prétexte qu'elles sont source d'acides gras saturés. Votre organisme en a besoin. Il ne faut pas consommer uniquement des graisses mono- ou polyinsaturées.
Poissons et autres produits de la pêche	Tous sont bons ! Poissons blancs de type merlan, cabillaud et poissons gras riches en oméga-3 en privilégiant les poissons gras suivants : sardines, maquereaux, harengs, anchois (petits poissons en début de chaîne alimentaire aquatique et donc moins contaminés par les métaux lourds qui s'accumulent dans les graisses). Calamar, crevettes, crabe, coquillages, y compris huîtres en faisant attention à leur fraîcheur et toujours cuits.
Viande et charcuterie	Toutes, idéalement bios et de qualité. De préférence issues d'animaux nourris à l'herbe ou, pour les volailles, d'animaux nourris en plein air, et éventuellement dont l'alimentation contient du lin riche en oméga-3 (label Bleu-Blanc-Cœur). Viande rouge à condition qu'elle soit non-transformée et de qualité, pour sa richesse en fer (surtout si votre ferritine est basse). Charcuterie occasionnellement, artisanale, cuite, sans sucre ajouté et sans sels nitrités.

Œufs	Œufs de poules nourries aux graines de lin (Bleu-Blanc-Cœur), de poules élevées en plein air et/ou bios.
Aliments sources de protéines végétales	Tofu ferme ou soyeux ou fermenté. Protéines de soja texturées (ne consommez pas quotidiennement des produits à base de soja - voir page 122) Seitan véritable (à base de gluten et uniquement si vous n'avez pas d'intolérance). Graines et noix oléagineuses : olives vertes et noires, cacahuètes, noix de coco, noix de macadamia, noix de pécan, noix du Brésil, noix de Grenoble, amandes, noisettes, pistaches, graines de chia, graines de chanvre, graines de sésame… sous toutes leurs formes (entières ou en purée type beurre de cacahuète). Les algues les plus riches en protéines sont la spiruline et la nori. Vous pouvez les acheter fraîches ou sèches.
Légumes/algues	Laitue et champignons de Paris (à volonté car peu glucidiques) Endive, céleri-rave, céleri branche, salade, champignons, crucifères (pak choï, kale, romanesco, chou-fleur, brocoli, chou blanc pommé, chou vert frisé, chou rouge, chou chinois), asperge, potiron, blette, concombre, courgette, poireau, épinards, fenouil, gombo, haricots beurre et verts, radis noirs, roses et rouges, tomate, graines germées. Modérément : aubergine, choux de Bruxelles, carotte, poivron, artichauts de petite taille, christophine (ou chayotte). Oignons, échalotes et ail, en condiment.
Fruits/fruits oléagineux	Tous les jours : citron À volonté (en tenant compte de la faim et de la satiété) : fruits oléagineux, avocat. Pour les autres fruits, la règle est de ne pas dépasser 5 g de glucides provenant de fruits frais, ce qui représente par exemple 50 g de baies rouges, de papaye mûre, de rhubarbe, de figue de Barbarie, une prune, un fruit de la passion.
Produits laitiers	Les choisir uniquement bios. Privilégier les produits issus du lait de chèvre ou de brebis. Tous les fromages, mascarpone, yaourts gras de type yaourts à la grecque, beurre et crème fraîche ou mieux crème double. Les produits laitiers sont facultatifs **(0 à 2 portions par jour maximum).** Leur consommation doit être déterminée au cas par cas et prise idéalement en première partie de journée car consommés le soir ils élèvent la glycémie. Plusieurs études ont montré que les protéines des produits laitiers et du petit-lait peuvent stimuler une réponse insulinique. Chez certains patients, j'ai aussi pu constater qu'ils gênent la cétose.
Alternatives aux produits laitiers	Yaourts de soja bios nature, yaourts au lait de coco, yaourts au lait d'amande. Laits végétaux d'amande, de soja, de coco, de noisette, sans sucres ajoutés. Crèmes végétales de soja, de coco, d'amande « cuisine ».

Les cacahuètes sont des légumineuses, mais elles sont ici classées dans les graines oléagineuses, car on les consomme de la même manière que les noix.

Épices/herbes aromatiques	Toutes. Plusieurs fois par jour, selon vos goûts : persil, coriandre, origan, aneth, sarriette, serpolet, ciboulette, basilic, romarin, sauge, thym, laurier, anis, badiane, menthe, moutarde, gingembre, curcuma, galanga, cannelle, vanille, cardamome, muscade, cumin, baies roses, clou de girofle, noix muscade, safran. (Ils apportent un peu de glucides, mais les doses utilisées en cuisine sont sans conséquence sur la cétose.) Sel de mer, sel de l'Himalaya, sel bleu de Perse. Le sel est indispensable dans le régime cétogène. Le corps rejetant plus d'eau, il rejette aussi plus de sodium. Il ne faut donc pas manger sans sel.
Boissons	Au moins 2 litres d'eau par jour (le régime cétogène, en abaissant le niveau d'insuline, entraîne une moindre rétention des liquides par le corps). Café décaféiné sans solvants, rooibos, infusions, jus de citron, agua fresca, eaux naturellement gazeuses, eaux plates, jus de citron, chicorée, laits végétaux sans sucres ajoutés, bouillons, kéfir et kombucha faits maison avec une dose de sucre divisée par 4 par rapport à la recette classique
Faux sucres	Stevia (liquide) et érythritol très occasionnellement (voir leurs effets potentiels si consommés à haute dose, page 65). Ils ne gênent pas la cétose.

À partir du moment où vous intégrez dans votre alimentation du poisson gras, des graines et noix oléagineuses, des légumes, des graisses animales et végétales de bonne qualité, des épices et herbes aromatiques, il y a de grandes chances que vous couvriez vos besoins en macronutriments, vitamines et minéraux et autres phytonutriments tels que les polyphénols. Cependant il sera plus difficile de couvrir tous vos besoins si vous mangez toujours le même légume, la même huile, le même poisson et le même type de noix. Variez vos sources de nutriments !

Vous trouverez en annexes (page 167) la liste des vitamines et des minéraux apportés par les aliments autorisés dans le régime cétogène, preuve que ce régime peut couvrir les besoins en micronutriments de l'organisme.

Vous trouverez des recettes cétogènes adaptées dans mes livres : *Céto cuisine, 100 aliments céto à volonté* (particulièrement intéressant pour vous car j'y explique ce que vous apporte chaque aliment et vous indique comment le cuisiner), *30 recettes céto végé* si vous souhaitez limiter votre consommation de viandes et poissons.

Mon plan alimentaire, **MOIS PAR MOIS**

PREMIER TRIMESTRE : DE LA FÉCONDATION À 14 SEMAINES

Vous êtes enceinte. Il est là. Le petit cœur de votre bébé commence à battre au cours de la 5e semaine, même s'il ne vous sera pas encore possible de l'entendre lors de l'examen médical. Votre minuscule petit bout ne mesure que 6 mm à la 6e semaine de grossesse mais sa formation est déjà bien amorcée. Dès la 7e semaine, ses yeux sont visibles, ses bras commencent à se former, ses coudes et ses mains apparaissent. Ses doigts ne sont pas encore séparés les uns des autres. Sa tête est beaucoup plus grosse que le reste de son corps.

De ce stade à la 10e semaine, tout un tas de transformations aura encore lieu. C'est le passage du stade d'embryon à celui de fœtus : toutes les parties de son corps sont en place, sans être encore complètes : ses yeux, son nez et sa bouche se distinguent. Ses paupières sont fermées. Ses doigts sont maintenant séparés et ses orteils commencent à se former. Il commence à bouger ses membres. Les quatre semaines suivantes, il grandit encore, et ce n'est que le début. Les os de son squelette commencent à se dessiner. À 14 semaines, il mesure 8,5 cm. Ses organes génitaux sont assez développés pour permettre de savoir s'il s'agit d'un garçon ou d'une fille.
Imaginez à quel point votre organisme a besoin d'énergie, de tous les minéraux et vitamines possibles pour tous ces tissus, ces organes qui sont en construction. Et à quel point certaines molécules ou bactéries indésirables pourraient affecter négativement le processus.

1er MOIS

ATTENTION À L'HYGIÈNE ALIMENTAIRE

Vous trouverez dans cette section les tout premiers gestes à adopter en prévention des trois infections graves pour la femme enceinte que sont la listériose, la toxoplasmose, la salmonellose. Ces gestes concernent chacune d'entre vous. Ils sont très importants. Voici pourquoi.

La listériose est due à la bactérie Listeria. Elle se traduit par une fièvre inexpliquée qui peut provoquer, selon l'avancement de la grossesse, soit une fausse couche, soit un accouchement prématuré. La Listeria résiste à des températures comprises entre 4 et 56 °C, ce qui fait qu'elle peut apparaître dans tous les aliments mangés crus et/ou conservés au réfrigérateur. Il existe des mesures simples à adopter pour réduire fortement le risque de contamination.

LES GESTES À ADOPTER CONTRE LA LISTÉRIOSE

- **Évitez les fromages à pâte molle ou au lait cru, les fromages râpés en sachets, les produits achetés chez le traiteur, les poissons fumés, la charcuterie crue ou cuite (rillettes et pâtés en particulier), les coquillages crus, le surimi et le tarama.**
- **Retirez par précaution les croûtes du fromage.**
- **Lavez soigneusement les plans de travail, le réfrigérateur et les ustensiles de cuisine, ainsi que vos mains avant de faire à manger et séparez les aliments crus de ceux prêts à consommer.**
- **Évitez d'accommoder les restes.**
- **Cuisez bien la viande.**
- **Lavez bien les fruits et les légumes avec une brosse à légumes après les avoir fait tremper quelques minutes dans de l'eau additionnée de bicarbonate de soude. Épluchez-les.**

Au début de votre grossesse, une prise de sang a dû vous indiquer si vous avez déjà été infectée par le parasite *Toxoplasma gondii* et si vous êtes par conséquent déjà immunisée contre la toxoplasmose. Si vous n'êtes pas immunisée, vous devrez suivre des règles hygiénico-diététiques afin d'éviter une infection. La toxoplasmose peut en effet avoir des conséquences graves pour le fœtus selon le stade de la grossesse auquel elle survient : risques de malformations cardiaques, neurologiques et oculaires et dans certains cas une mort *in utero* (avortement spontané). Plus le parasite est transmis tard, moins les lésions sont graves. Le risque de toxoplasmose congénitale est maximal quand l'infection maternelle se produit entre la 10e et la 24e semaine de grossesse.

La salmonellose est une maladie infectieuse provoquée par des bactéries de type Salmonella, transmises à l'humain via l'alimentation, suite à l'ingestion d'aliments contaminés (fromages, charcuterie, lait, œufs en particulier). Chez la femme enceinte, une infection à une salmonelle peut conduire à un accouchement prématuré et peut menacer la santé du fœtus. Les mesures à adopter pour éviter la salmonellose sont assez proches de celles de la listériose.

LES GESTES À ADOPTER CONTRE LA TOXOPLASMOSE ET LA SALMONELLOSE

- **Conservez les aliments crus séparément des aliments cuits.**
- **Lavez-vous bien les mains avant de cuisiner, surtout après avoir touché un animal.**
- **Lavez bien les plans de travail et les ustensiles de cuisine.**
- **Lavez soigneusement les fruits et les légumes avant de les manger.**
- **Réchauffez les restes alimentaires à haute température pour détruire les éventuelles bactéries.**
- **Nettoyez au moins deux fois par mois le réfrigérateur à l'eau de Javel.**
- **Il est conseillé de ne pas consommer de produits laitiers au lait cru et non pasteurisés, tout comme des graines germées crues, de la viande ou du poisson cru.**
- **Une forte cuisson est recommandée pour les produits animaux tels que la viande, le poisson ou les œufs. Évitez les viandes marinées ou grillées.**

En résumé : lavez bien tous les végétaux, cuisez les viandes et évitez le lait cru (et ses dérivés) et les produits de la mer crus. De manière générale, vérifiez bien la salubrité des aliments que vous consommez, soyez rigoureuse sur l'hygiène alimentaire.

ÉVITEZ CAFÉ, THÉ, ALCOOL ET CIGARETTES

Les substances excitantes comme la caféine et la théine étant métabolisées plus lentement pendant la grossesse, vous pouvez dès lors y être plus sensible. De plus, ces substances peuvent traverser la barrière placentaire pour atteindre votre bébé.

Concernant la caféine, une récente étude[30] a analysé plus de 1 200 travaux antérieurs sur les effets du café au cours de la grossesse et conclut sur « *une confirmation convaincante de risque accru d'au moins cinq aboutissements négatifs de la grossesse : fausse couche, mortinatalité [expulsion d'un fœtus mort après 22 semaines de gestation], poids à la naissance inférieur et/ou faible pour l'âge gestationnel, leucémie aiguë infantile, surpoids et obésité infantile* ».

Concernant l'alcool, il est tératogène, c'est-à-dire qu'il tue les cellules et peut endommager les organes de votre bébé qui sont en pleine construction. Si vous buvez de l'alcool, celui-ci finira dans le sang de votre bébé, qui ne contient malheureusement pas les enzymes nécessaires pour le métaboliser. L'alcool et ses métabolites s'accumulent dans son petit organisme et l'endommagent. Il est facile d'imaginer que cela est toxique et peut entraîner diverses complications, dont des fausses couches, de la prématurité, des retards de croissance, des atteintes du système nerveux central, des malformations, dont le syndrome d'alcoolisation fœtale est la forme la plus grave. Dans la plupart des cas, les troubles ne sont pas visibles sur le bébé qui vient de naître, mais apparaissent au moment de l'entrée en crèche ou à l'école, parfois même plus tard, lorsque le cerveau devient plus mature, vers 6-8 ans. Ainsi, entre 5 et 14 ans, les enfants ont un risque plus important de troubles de l'attention et peuvent rencontrer une rupture sociale et des difficultés à s'organiser ou à apprendre. Enfin, les troubles causés par l'alcoolisation fœtale auraient des répercussions jusqu'à l'adolescence avec des effets psychologiques et un risque accru d'alcoolisme ou de toxicomanie. Tout cela a été démontré par diverses études très sérieuses. Plus votre consommation quotidienne est importante, plus vous faites courir le risque à votre enfant d'avoir des séquelles.

Concernant le tabac, il augmente le risque de fausses couches et de grossesses extra-utérines, de rupture prématurée des membranes. La consommation de plus d'un paquet par jour génère également de très hauts risques de souffrir d'un placenta praevia (une insertion anormale du placenta sur le segment inférieur de l'utérus) ou d'un placenta abruptio (un décollement prématuré du placenta). Les risques de malformations congénitales et de morbidité fœtale sont également exacerbés. De nombreuses études ont lié le tabagisme prénatal à différents problèmes en cours de vie : des bébés

avec un poids de naissance plus faible, plus de décès durant sa première année de vie (près d'un tiers des cas de syndrome de mort subite du nourrisson sont associés au tabagisme), plus de risques de souffrir de microcéphalie, d'asthme, d'otites à répétition. De façon générale, les enfants qui ont été exposés à la fumée du tabac pendant la grossesse ou en très bas âge sont hospitalisés plus souvent. Plus tard, ils auront plus de risques de souffrir de retards de développement physiologique ou mental, ainsi que de troubles de l'attention et d'hyperactivité, d'obésité, de diabète. À l'adolescence, ils risqueront de présenter des troubles du comportement et seront plus susceptibles d'avoir un profil addictif vis-à-vis de substances nocives. Tout cela a également été démontré par de nombreuses études.
Si arrêter de fumer est compliqué pour vous, faites-vous aider afin d'y parvenir. Il est évident que ce n'est pas facile mais de nombreuses solutions existent, à vous de trouver la vôtre. Parlez-en à votre médecin, il vous orientera ou appelez Tabac Info Services : 3949 ou rendez-vous sur **www.tabac-info-service.fr.**

Bon à savoir

Selon les auteurs d'une étude, rattachés au Seattle Children's Research Institute, le fait de fumer pendant la grossesse, même une seule cigarette par jour, double le risque de mort subite du nourrisson (MSN). Pour les femmes fumant en moyenne 1 à 20 cigarettes par jour, le risque de MSN augmente de 7 % à chaque cigarette fumée[31].

VOTRE ASSIETTE DE BASE

En veillant à avoir un aliment appartenant à chacun des trois groupes d'aliments illustrés ci-contre dans votre assiette, lors de chacun de vos déjeuners et dîners, vous aurez plus de chance de recevoir des protéines, des bonnes graisses, des fibres, des vitamines (hydrosolubles et liposolubles), la totalité des minéraux nécessaires, et le plein d'antioxydants.

Vous pouvez ajouter des féculents à grains entiers (j'insiste bien sur le « à grains entiers », voir page 62) et des fruits si vous n'êtes pas en surpoids.

Évidemment, le fait de diversifier les choix au sein de chaque groupe d'aliments, notamment de varier les légumes au quotidien, a toute son importance. Et quand on sait qu'il existe une variété de près de 20 000 espèces de légumes, on peut

affirmer qu'une alimentation à base de végétaux est loin d'être monotone, chacun ayant un profil vitaminique et minéral différent, il est indispensable de jouer sur la diversité. C'est assez simple, rappelez-vous le jeu que je vous ai invité à faire page 17 qui consiste à compter les différents végétaux consommés !
Variez également les viandes (blanches ou rouges) et les poissons (blancs et gras) et les alternatives végétales (tofu, tempeh, seitan).

De même, utilisez plusieurs huiles et matières grasses végétales ou animales parmi les suivantes : huile d'olive (mais aussi de noisette ou d'avocat), huile de coco (ou TCM ou de palme rouge), huile de colza (ou huile de lin ou de noix et/ou de cameline, de chanvre), beurre, beurre végétal et beurre clarifié bio (ghee), graisse canard, d'oie... Le choix ne manque pas. Piochez dans différents aliments gras (poissons gras, graines et noix oléagineuses). Vous aurez ainsi plus de chance d'avoir un apport suffisant en tout.

Pour vous guider dans le choix de certains aliments, profiter de la diversité qui existe dans chaque groupe alimentaire, je vous invite à lire les pages suivantes. Mon livre *100 aliments céto à volonté* peut être également pratique à avoir sous la main, ainsi que le *Compteur de glucides*, car ils vous aideront à faire des choix alimentaires variés judicieux, quel que soit votre régime alimentaire (IG bas ou low carb).

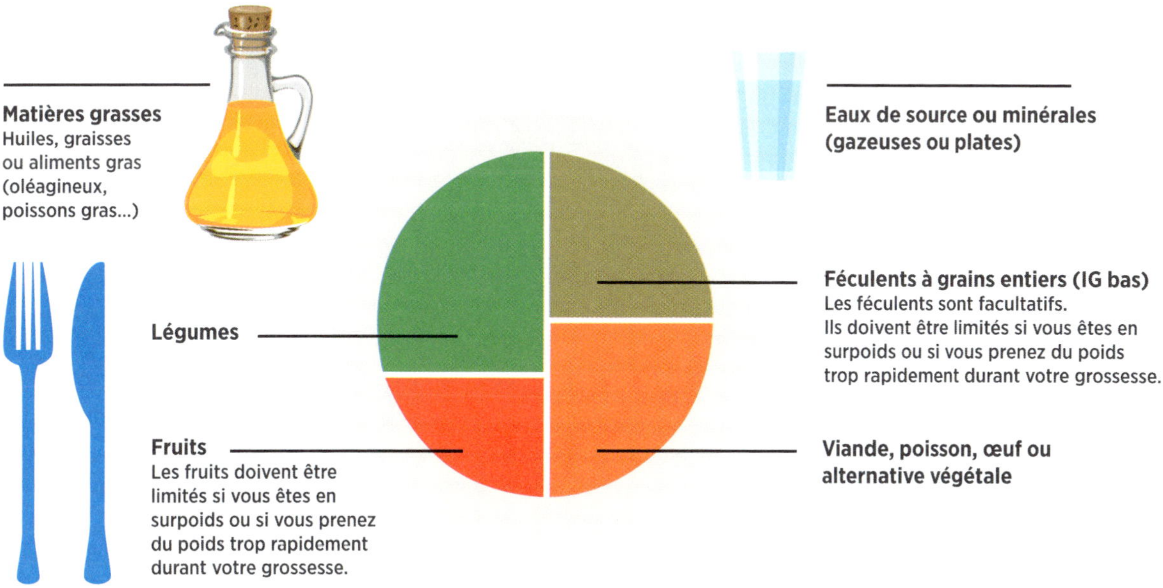

METTEZ DE LA COULEUR DANS VOTRE ASSIETTE

Ce n'est pas seulement pour faire joli ! En effet, au cours de ce premier trimestre, certaines molécules deviennent indispensables pour le développement de votre bébé. Il s'agit notamment de caroténoïdes qui seront transformés en vitamine A par votre organisme. La vitamine A est indispensable au développement des organes de votre bébé qui est déjà en cours à ce stade, ainsi que de son système cardio-vasculaire, son système respiratoire et son système nerveux.
Les aliments les plus riches en caroténoïdes sont les végétaux de couleur orange ou verts à feuilles.

En pratique, il y a plusieurs solutions expresses pour vous assurer de consommer suffisamment de caroténoïdes au quotidien.

La première solution expresse, c'est de commencer la journée en buvant un grand verre de jus de carotte, idéalement fait maison ou à défaut acheté dans le commerce à condition que cela soit du pur jus de carotte bio. Dans votre verre, ajoutez du jus de citron pressé. Le jus de carotte représente la meilleure source de bêta-carotène que le corps humain puisse assimiler rapidement, et assure une importante provision d'autres vitamines B, C, D, E, G, et K. Il est aussi riche en sodium et en potassium. Il présente aussi une bonne teneur en calcium, magnésium et fer, phosphore, soufre, silicium et chlore.

Petit plus : Il facilite la digestion, ce qui pourra être utile en fin de grossesse mais également au premier trimestre si vous avez tendance à vous sentir barbouillée.
Si vous suivez un régime cétogène, sachez que 100 ml de jus de carotte sont tout à fait compatibles avec votre régime. Et si votre alimentation est low carb, vous pouvez consommer 150 ml de jus de carotte.

La seconde solution expresse, c'est de croquer dans des mini-carottes au cours de vos repas.

La troisième solution expresse, c'est de prendre un fruit de couleur orange comme collation de l'après-midi : abricots, papaye, mandarine, orange, etc. C'est le meilleur moment pour manger du sucré, en effet souvenez-vous (voir page 12), c'est à ce moment-là que les glucides sont le mieux assimilés grâce à l'insuline produite au milieu de l'après-midi.
Si vous suivez un régime cétogène, privilégiez un tout petit abricot ou 50 g de papaye par exemple, accompagné d'une infusion contenant 1 c. à c. d'huile de coco.

Bon à savoir

Évitez les fruits coupés en conserves (la vitamine C est la grande absente), les smoothies et les jus de fruits (à l'exception du jus de carotte) qui ne contiennent plus les fibres nécessaires pour limiter le passage des glucides dans le sang. Rien de tel pour faire monter en flèche votre glycémie. Un fruit, c'est entier et il se mange au moment de sa découpe ou en y croquant directement dedans. Sans ça, il ne présente plus le même intérêt et d'aliment sain il devient aliment à éviter.

La quatrième solution, qui demande un peu plus de temps que les précédentes, est de **cuisiner des recettes aux couleurs orange et vertes,** comme celles que je vous propose dans les pages suivantes. Si les quantités sont trop importantes pour vous, vous pouvez les diviser en fonction du nombre de parts souhaité ou tout simplement congeler l'excédent de votre recette, ce qui vous permettra de bénéficier de jours de repos loin des fourneaux !

POUR
6 parts

PRÉPARATION
15 minutes

CUISSON
30 minutes

SOUPE AU POTIRON

ET LENTILLES CORAIL

Ingrédients

- 1 kg de potiron
- 100 g d'oignon
- 100 g de lentilles corail (facultatif)
- 1 boîte de lait de coco
- 2 c. à s. de curry en poudre
- Sel, poivre
- 10 brins de coriandre fraîche
- Huile de noisette

Taillez le potiron en gros cubes et émincez l'oignon.

Placez les cubes dans une casserole avec l'oignon, les lentilles corail, le lait de coco, le curry.

Salez, poivrez. Ajoutez un demi-litre d'eau. Laissez cuire 20 à 30 minutes. Si besoin, rajoutez un peu d'eau en cours de cuisson.

Écrasez grossièrement à la fourchette. Ne mixez pas, ainsi vous limiterez le pic de glycémie.

Au moment de servir, ajoutez de la coriandre ciselée et un généreux filet d'huile de noisette.

Les lentilles corail ne nécessitent pas de prétrempage et cuisent en dix minutes dans l'eau bouillante, ce qui est très pratique pour les intégrer à vos soupes et purées. En revanche, comme toute légumineuse, elles sont riches en glucides, aussi si vous suivez un régime low carb ou cétogène, vous les remplacerez par un peu plus de courge ou une carotte.

Astuce Ajoutez quelques graines de tournesol ou de courge pour augmenter votre apport en folates, en fer et en oméga-3, ces derniers jouant un rôle important dans la croissance et le développement du cerveau et des yeux de votre bébé.

POUR
4 parts

PRÉPARATION
20 minutes

CUISSON
40 minutes

PURÉE ORANGE AUX ÉPICES

Ingrédients

- 1 kg de potiron ou 800 g de patate douce
- 30 ml d'huile d'olive
- 50 g de graisse de canard (ou 20 ml d'huile d'olive en plus si vous êtes végétarienne)
- 1 pincée de muscade
- 1 c. à s. de 4 épices
- Sel et poivre

Coupez le potiron ou la patate douce en cubes de 3 cm de côté.

Faites fondre la graisse de canard dans une sauteuse, ajoutez l'huile d'olive et faites-y dorer le potiron ou la patate douce.

Ajoutez ½ verre d'eau et faites cuire à feu doux pendant environ 30 minutes, jusqu'à ce que le potiron ou la patate douce soit tendre.

Mixez finement.

Salez, poivrez, épicez. Mélangez.

Astuce Si vous surveillez votre poids, optez pour le potiron. Si en revanche vous vous trouvez en sous-poids, choisissez la patate douce.

POUR
6 parts

PRÉPARATION
10 minutes

CUISSON
40 minutes

CARROT CAKE AUX AMANDES
GLAÇAGE À LA CRÈME

Ingrédients

Pour le gâteau

- 80 g de beurre ramolli
- 2 cl d'huile d'olive
- 4 gros œufs
- 1 grosse carotte râpée (environ 200 g)
- 50 g d'érythritol (si vous êtes en low carb ou en cétogène) ou 25 g de sirop d'agave
- 1 c. à s. de poudre de vanille
- 200 g de poudre d'amande
- 1 c. à c. de bicarbonate de soude
- 2 c. à s. de farine de coco (si vous êtes en low carb ou en cétogène) ou de farine d'épeautre
- 1 c. à s. de cannelle moulue
- 1 c. à c. de 4 épices

Pour le glaçage

- 150 g de cream cheese ou de crème de coco
- 20 g de beurre ramolli
- 1 c. à c. de poudre de vanille
- 50 g d'érythritol (si vous êtes en régime cétogène ou low carb) ou 25 g de sirop d'agave

Préchauffez le four à 180 °C.

Tapissez votre moule de papier cuisson.

Dans un bol, mélangez la poudre d'amande, la farine de coco (ou d'épeautre), le bicarbonate de soude, la cannelle et les 4 épices, réservez.

Dans un grand bol, mélangez le beurre avec l'érythritol (ou le sirop d'agave) à l'aide d'un batteur électrique.

Ajoutez les œufs, puis l'huile d'olive et ensuite la vanille. Continuez de fouetter pour bien mélanger.

Ajoutez le mélange de farine. Fouettez jusqu'à ce que le tout soit homogène.

Ajoutez la carotte râpée.

Versez le mélange dans le moule.

Enfournez pour 40 minutes ou jusqu'à ce qu'une lame de couteau insérée au centre en ressorte propre.

Réalisez le glaçage : dans un bol, fouettez les ingrédients pour le glaçage à l'aide d'un batteur électrique, jusqu'à ce que le tout soit homogène.

Dressez.

Ce carrot cake aux amandes est une saine gourmandise pour votre petit déjeuner car il contient de la vitamine A (apportée par les carottes), de la vitamine E (issue de la matière grasse et des amandes) et des fibres essentielles pour votre corps.

POUR
4 parts

PRÉPARATION
5 minutes

POUSSES D'ÉPINARDS EN SALADE

Ingrédients

- 300 g de jeunes pousses d'épinards
- 1 poignée de pignons de pin
- 40 g de parmesan ou de noix de cajou écrasées grossièrement
- 6 tomates séchées
- 6 c. à s. d'huile d'olive
- 2 c. à s. de vinaigre balsamique
- Sel, poivre
- Quelques petites feuilles de basilic frais (facultatif)

Disposez les pousses d'épinards dans un saladier.

Ajoutez les copeaux de parmesan (ou les noix de cajou) et les pignons de pin.

Coupez les tomates séchées en 4 et ajoutez-les.

Préparez la vinaigrette en commençant par trois grosses pincées de sel, le poivre, le vinaigre puis l'huile.

Mélangez, goûtez pour rectifier l'assaisonnement. Disposez les feuilles de basilic au dernier moment si vous décidez d'en rajouter.

POUR
4 portions

PRÉPARATION
10 minutes

CUISSON
30 minutes

VELOUTÉ DE LÉGUMES VERTS

Ingrédients

- 4 courgettes
- 2 poireaux
- 1 brocoli
- 200 g d'épinards frais
- 1 oignon
- 250 g de mascarpone
- Sel et poivre

Pelez les courgettes et taillez-les en petits dés.

Faites des tronçons de poireaux de 1 cm d'épaisseur maximum.

Émincez l'oignon.

Détachez les fleurettes du brocoli et taillez la queue en fines lamelles.

Placez tous les légumes dans une cocotte.

Couvrez d'eau.

Laissez cuire 30 minutes, à partir de l'ébullition.

En fin de cuisson, salez, poivrez, ajoutez le mascarpone et mixez.

Astuce N'ajoutez pas de pomme de terre afin que ce velouté n'élève pas votre glycémie.
Avec un bouillon cube, ce velouté a un goût plus prononcé. Vous pouvez en ajouter un mais idéalement fait maison. Les bouillons cubes du commerce contiennent bien trop d'additifs, nocifs pour la santé.
Vous déjeunez au bureau ? Investissez dans un thermos pour transporter votre velouté.

POUR
2 parts

PRÉPARATION
5 minutes

CUISSON
5 minutes

OMELETTE AUX ASPERGES

Ingrédients

- 4 œufs
- 150 g d'asperges vertes (idéalement achetées fraiches et cuites 5 à 8 minutes à la vapeur)
- 6 feuilles de basilic
- Sel, poivre
- Huile pour graisser la poêle

Tranchez les asperges en tronçons de 2 cm.

Battez les œufs.

Ciselez le basilic et ajoutez-le aux œufs.

Salez et poivrez.

Versez sur les asperges.

Faites chauffer une poêle préalablement huilée.

Une fois la poêle chaude, versez-y votre préparation. Laissez cuire une minute.

Retournez délicatement et poursuivez la cuisson une minute de plus.

Conseil gourmand : versez un filet d'huile aromatisée à la truffe sur votre part d'omelette au moment de la manger.

Pour un apport en oméga-3, servez avec une salade de mâche assaisonnée d'une vinaigrette à l'huile de noix.

POUR
6 parts

PRÉPARATION
15 minutes

GUACAMOLE ET DIPS DE CAROTTES

Ingrédients

- 3 grosses carottes
- 3 avocats
- 1 tomate
- 1 citron
- 2 oignons nouveaux
- 10 brins de coriandre fraîche
- 10 cl d'huile d'olive
- Sel, poivre
- 1 pincée de piment d'Espelette

Pressez le citron.

Épluchez et ciselez les oignons nouveaux.

Épluchez et épépinez la tomate, puis coupez-la en petits cubes.

Ciselez la coriandre.

Récupérez la chair des avocats à l'aide d'une cuillère.

Dans un bol, écrasez la chair des avocats à l'aide d'une fourchette et ajoutez immédiatement le jus du citron pour éviter qu'elle ne s'oxyde. Incorporez les oignons, les dés de tomates, la coriandre, le sel, le piment et l'huile d'olive. Mélangez soigneusement le tout.

Coupez les carottes en bâtonnets que vous tremperez dans le guacamole.

CONSOMMEZ DES ALIMENTS RICHES EN VITAMINE A

Un bon moyen d'augmenter vos apports en cette vitamine au quotidien consiste à manger des œufs brouillés au petit déjeuner.
Mais si vous n'aimez pas les œufs, vous pourrez aussi trouver de la vitamine A dans les produits laitiers gras et dans les poissons gras.

LES ŒUFS NE SONT PAS LES ENNEMIS DE NOTRE SANTÉ CARDIO-VASCULAIRE

Les œufs ont longtemps été considérés comme mauvais pour la santé cardiaque en raison de leur teneur élevée en cholestérol (200 mg pour un gros œuf). Mais pour la plupart des gens, le cholestérol dans les aliments a un effet faible sur les taux sanguins de cholestérol total et de « mauvais » cholestérol LDL.
Et les données issues d'études récentes ne trouvent pas que les personnes qui consomment beaucoup d'œufs ont un risque plus élevé de maladies cardio-vasculaires que celles qui n'en consomment pas ou peu. Le risque peut surtout venir de ce qui accompagne les œufs : toast de pain blanc, frites, jus de fruits ![32]

Voici page ci-contre une recette ultra simple et rapide pour manger des œufs au petit déjeuner.

POUR
1 part

PRÉPARATION
2 minutes

CUISSON
3 minutes

ŒUFS BROUILLÉS À LA CRÈME

Ingrédients

- 3 œufs
- 10 g de beurre
- 1 c. à s. de crème fraîche épaisse
- Sel, poivre blanc du moulin
- 1 à 2 brins de ciboulette fraîche (facultatif)

Cassez les œufs dans un cul-de-poule.

Battez-les légèrement afin de casser uniquement le jaune, mais sans le mélanger complètement avec le blanc.

Faites chauffer le beurre dans une casserole à fond épais, versez les œufs dedans et faites cuire sur feu doux en remuant doucement et sans arrêt avec une cuillère en bois.

Salez, poivrez légèrement et ajoutez la crème au dernier moment.

Si vous le souhaitez, ciselez un à deux brins de ciboulette sur vos œufs avant de les déguster.

Astuce La présence du beurre et de la crème permet de faire le plein de vitamine A mais ils peuvent être remplacés par de l'huile d'olive et de la crème d'amande si vous ne consommez pas de produits laitiers. La recette restera savoureuse, seulement un peu moins riche en vitamine A.

Vous hésitez à manger des œufs brouillés tous les matins ? Sachez que c'est l'un des meilleurs petits déjeuners que vous puissiez avoir. L'énergie apportée par le petit déjeuner doit en effet venir en priorité des protéines et des graisses (et non des glucides comme c'est le cas du petit déjeuner français classique). Les œufs apportent ces deux sources d'énergie.
Selon une étude dont le but était de tester l'hypothèse selon laquelle le premier repas du matin programmait le fonctionnement du métabolisme pour la journée, il est apparu que manger gras au petit déjeuner aboutissait à un meilleur profil santé : poids moins important, moins de triglycérides dans le sang et meilleure tolérance au glucose[33].
Selon une autre étude, la ghréline (hormone de la faim) met plus longtemps à remonter avec un petit déjeuner protéique[34]. Ce dernier est donc plus rassasiant !

De plus, lorsque vous mangez un petit déjeuner typiquement français, à base de pain, biscottes ou viennoiseries, accompagnés d'un verre de jus d'orange, et ceci même si les produits céréaliers sont complets et le jus d'orange pressé maison, cela engendre une charge glycémique très élevée, et une telle quantité de glucides va inévitablement générer un pic de glycémie.

Si vous êtes allergique aux œufs, un **yaourt à la grecque** enrichi de graines et noix oléagineuses au petit déjeuner, des **filets de hareng** sur une tartine de pain à grain entier au levain ou de pain cétogène à base de farine d'amande ou de lin par exemple peuvent aussi vous apporter tous ces bienfaits.

Le fromage, le lait, le beurre sont des sources de vitamine A. N'hésitez pas à en agrémenter vos repas. Voici ci-contre une recette riche en vitamine A et sans œufs que vous pourrez déguster au repas, avec du chou-fleur, un légume riche en folates.

Et si vous êtes végétalienne, forcez sur les bêta-carotènes (voir page 94). En effet, le bêta-carotène est transformé en vitamine A par le foie, en fonction de vos besoins.

Bon à savoir

Vitamine A ou rétinol et bêta-carotène sont peu sensibles à la cuisson. Ils peuvent, par contre, être dégradés par oxydation, d'où l'intérêt de bien conserver les aliments au frais, à l'abri de l'air et de la lumière.

POUR
6 parts

PRÉPARATION
15 minutes

CUISSON
25 minutes

GRATIN DE CHOU-FLEUR

Ingrédients

- 1 chou-fleur
- 50 g de beurre
- 40 g de farine
- ½ litre de lait entier
- 120 g de parmesan râpé
- Muscade râpée (facultatif)
- Sel, poivre

Couper le chou-fleur en fleurettes.

Faites cuire les fleurettes de préférence à la vapeur afin qu'elles ne se gorgent pas d'eau.

Pendant ce temps, faites fondre le beurre dans une casserole puis ajoutez la farine. Mélangez avec un fouet sur feu doux et petit à petit versez le lait jusqu'à obtenir une béchamel homogène et lisse. Salez, poivrez et ajoutez une pincée de muscade si désiré. Laissez cuire 2 à 3 minutes sans cesser de remuer, jusqu'à ce que la préparation épaississe.

Placez les fleurettes de chou-fleur dans un plat creux et recouvrez avec la béchamel. Saupoudrez de parmesan râpé et mettez au four 15 minutes à 200 °C pour le faire dorer.

ATTENTION À LA SURCONSOMMATION DE VITAMINE A

Le foie est réputé pour être l'un des aliments les plus riches en rétinol ou vitamine A. Mais attention, il faut cependant éviter de manger du foie ainsi que tout produit à base de foie, comme le pâté de foie ou la saucisse au foie, pendant votre grossesse car ils en contiennent beaucoup et votre organisme peut stocker ce surplus de vitamine A et engendrer un excès de rétinol qui peut vite devenir dangereux pour votre bébé. Ne prenez pas non plus de complément multivitaminé contenant de la vitamine A sous forme de rétinol. De la même façon, faites attention aux compléments alimentaires à base d'huile de poisson, vendus sous la forme de gélules ou d'huile. Il en existe deux sortes : l'une extraite du corps entier du poisson, l'autre du foie du poisson. Quand vous êtes enceinte, ne prenez pas de compléments élaborés à partir de foie du poisson, tels que l'huile de foie de morue. En effet, l'huile de foie de morue contient du rétinol.

FAITES LE PLEIN DE ZINC

Le zinc joue un rôle central dans la division cellulaire, la synthèse des protéines et la croissance, et il est donc important que vous en ayez un apport suffisant. Les carences en zinc sont fréquentes hors grossesse et encore plus durant la grossesse, du fait de l'augmentation de vos besoins en micronutriments pour vous et votre bébé en développement. Elles peuvent avoir des répercussions négatives sur les issues de la grossesse, ainsi que sur votre santé et celle de votre bébé. Une carence en zinc pendant votre grossesse peut entraîner de multiples complications : fausse couche spontanée, prématurité, malformation du tube neural, retard de croissance, retard psychomoteur du nouveau-né, allongement du temps de travail.

Le zinc est un minéral important pendant la grossesse, tout particulièrement lors du premier trimestre, au moment où les organes du bébé se forment. On pense qu'il participe aussi au développement de son système immunitaire.

Bon à savoir | Vos besoins en zinc pendant la grossesse : de 11 à 23 mg par jour.

L'huître, c'est l'aliment roi pour l'apport en zinc, et surtout il y est particulièrement assimilable. Attention, ne la consommez jamais crue pendant la grossesse pour éviter tout risque de contamination (voir page 89). Vous pouvez manger des huîtres cuites une fois par semaine. Les autres aliments les plus riches en zinc sont les abats, la viande rouge, les céréales ou produits céréaliers à grains entiers et les œufs. Voici une recette pour faire le plein de zinc (et de vitamine A par la même occasion !).

POUR
4 parts

PRÉPARATION
30 minutes

CUISSON
20 minutes

HUÎTRES GRATINÉES AU PARMESAN

Ingrédients

- 24 huîtres
- 200 g de crème fraîche entière
- 150 g de beurre
- 60 g de parmesan
- 2 jaunes d'œufs
- Poivre du moulin

Préchauffez votre four à 200 °C.

Ouvrez les huîtres et jetez leur premier jus.

Faites fondre le beurre dans une casserole, à feu doux, puis mélangez-le à la crème et retirez la casserole du feu. Quand la préparation a un peu tiédi, ajoutez les jaunes d'œufs.

Déposez les huîtres ouvertes dans une lèchefrite.

Sur chacune des huîtres, déposez 1 c. à s. de préparation aux jaunes d'œufs, donnez quelques tours de moulin à poivre et parsemez de parmesan.

Enfournez pour 10 minutes à 200 °C puis ajoutez 5 minutes de cuisson supplémentaire avec la fonction gril.

Dégustez dès la sortie du four.

LES GESTES À ADOPTER SI VOUS N'AIMEZ PAS LES HUÎTRES

- Consommez des fruits de mer et des crustacés cuits au moins une fois par semaine.
- Consommez au moins 4 portions de viande par semaine.
- Si vous ne suivez pas un régime low carb ou cétogène, privilégiez les céréales et produits céréaliers à grains entiers (riz complet, quinoa, blé complet, sarrasin, seigle…) et bios en guise de féculents. En effet, ils limitent les pics de glycémie, de plus, les techniques agricoles modernes appauvrissent les teneurs en zinc des sols et donc des plantes. Le raffinage des céréales a pour conséquence de réduire encore plus les teneurs en zinc des aliments.
- Saupoudrez quotidiennement sur vos préparations du germe de blé (environ 2 cuillères à soupe).
- Croquez une poignée d'oléagineux chaque jour (amandes, noix, noisettes, graines de courges au naturel), au petit déjeuner par exemple. Ce qui est gras et protéiné a un intérêt particulier le matin (voir page 108). Si leur texture vous donne des nausées, chose qui arrive parfois, achetez-les en purée lisse.
- Si vous êtes végétalienne ou végane, supplémentez-vous impérativement, avec au moins 25 mg de zinc bisglycinate à jeun le matin. Les légumineuses, certains végétaux et les céréales à grains entiers fournissent aussi du zinc, en quantité appréciable mais moins biodisponible que celui contenu dans les sources animales.

SUPPLÉMENTEZ-VOUS EN VITAMINE K2

Bien que moins connue que la vitamine D, la vitamine K2 est pourtant essentielle pour une bonne santé osseuse et dentaire. La vitamine K2 agit en synergie avec la vitamine D 3 pour améliorer les tissus osseux en favorisant l'assimilation de calcium et en activant une protéine appelée l'ostéocalcine. La ménaquinone, vitamine K2 naturelle, fixe le calcium dans les bons endroits, c'est-à-dire les os et dents, et évite le stockage aux mauvais endroits. Le petit squelette de votre bébé est en pleine construction, se supplémenter en K2 est donc judicieux car il est difficile d'en recevoir la bonne dose via l'alimentation seulement. Les aliments apportant de la vitamine K2 sont principalement les foies d'animaux (à éviter durant la grossesse, voir page 110), la moelle osseuse, les bouillons d'os (voir recette page 156) et les produits laitiers fermentés (notamment les fromages), ainsi que le natto, un aliment japonais traditionnel à base de soja fermenté (attention à ne pas en abuser durant la grossesse, voir page 122).

Bon à savoir | En supplémentation, vos besoins en vitamine K2 sont de 90 µg par jour sous forme de gouttes.

Le combo gagnant du 3e mois est l'association vitamines D3, K2 et calcium. Attention toutefois, inutile de vous supplémenter en calcium si votre bilan sanguin est correct car un excès de calcium n'est pas bon pour votre santé cardio-vasculaire. Veillez simplement à une consommation adéquate de calcium pour soutenir le développement sain des os et des bourgeons dentaires de votre bébé, en plus de protéger des pertes délétères de calcium reliées à la grossesse. Si vous n'en consommez pas suffisamment, son organisme ira le chercher dans vos os pour compenser, ce qui les fragiliserait.

Pour rappel, les produits laitiers – le lait, le fromage et les yaourts – sont des sources riches en calcium mais ce sont loin d'être les meilleures. Parmi les sources les plus intéressantes, on peut compter sur les sardines en conserve dans l'huile avec les arêtes, les oléagineux, le chou chinois, le chou kale, etc. (voir annexe page 168).

PRÉVENEZ DÈS MAINTENANT L'APPARITION DES VERGETURES

Parlons un peu de vous maintenant et des répercussions de la grossesse sur votre peau. Sachez déjà que les bêta-carotènes que vous ingérerez pour le bien de bébé vous donneront une mine superbe (voir page 94). C'est un antioxydant qui favorise la production d'un pigment appelé mélanine. La mélanine est fabriquée par les cellules de la peau, lui donnant sa coloration plus ou moins foncée. Elle aide également la peau à se protéger des rayons ultraviolets. Ça ne fera que renforcer le travail positif que font vos hormones sur votre peau. Car au premier trimestre de grossesse, côté beauté, la magie opère. Votre peau s'embellit, votre visage est resplendissant. Vos cheveux sont plus brillants et gagnent en volume.
Le petit secret réside dans l'action des œstrogènes qui boostent les sécrétions de kératine et de sébum. En dehors de ce coup de baguette magique, vous noterez peu d'autres changements physiques pour vous à ce stade.

Si en revanche les hormones n'ont pas été sympas avec vous et que les flux hormonaux ont au contraire favorisé une peau plus sèche et de l'acné, veillez à manger beaucoup d'aliments riches en zinc ou à vous supplémenter (voir page 110). Mais vous devez être vigilante sur un troisième point si vous souhaitez éviter et limiter l'apparition de vergetures.

Car c'est dès maintenant que les choses se préparent de l'intérieur. Les mois à venir, votre peau va perdre en élasticité et des vergetures peuvent faire leur apparition. Il est impossible de faire disparaître totalement les vergetures mais on peut les prévenir et les atténuer grâce à une alimentation permettant d'apporter à votre corps les vitamines et les minéraux qui vont favoriser l'élasticité de la peau. Le zinc, la vitamine A déjà évoqués vont aider votre peau mais ce ne sera pas suffisant.

LES GESTES À ADOPTER CONTRE LES VERGETURES

- Buvez de l'eau, qui va hydrater votre peau en profondeur : au moins un verre toutes les 2 heures.
- Consommez des aliments riches en oméga-3 qui vont stimuler la fabrication du collagène : poissons comme les maquereaux, les sardines et l'anchois, mais aussi graines et huiles. Vous pouvez par exemple assaisonner vos salades avec l'huile de lin, les graines de lin, l'huile de noix, les noix ou faire des porridges avec des graines de chia.
- Consommez des aliments riches en vitamine E pour empêcher la dégradation des fibres de collagène : mangez 1 poignée d'amandes, de graines de tournesol quand vous avez un petit creux ou un avocat au repas.
- Buvez un jus de citron pressé pour sa vitamine C qui assure l'élasticité de la peau. À défaut, veillez à manger une petite crudité tous les jours en entrée.
- Mangez des aliments riches en silice, qui assouplit la peau : remplacez les céréales raffinées par les céréales à grains entiers si vous mangez des féculents comme l'avoine, l'orge, le seigle, l'épeautre et le riz complet.

ÉVITEZ LES NAUSÉES GRÂCE À DES SOLUTIONS SIMPLES

Bénignes, les nausées peuvent être pourtant très handicapantes.
Les nausées sont révélatrices d'un début de grossesse. Peu d'entre nous en sont épargnées. Mais certaines sont chanceuses et ça arrive ! Pour ma part, elles ont été très fréquentes et très prononcées. C'est ainsi que j'ai compris que j'étais enceinte de mon premier fils car elles sont arrivées très rapidement. Le plus souvent, elles surviennent vers la cinquième semaine de grossesse et disparaissent vers le début du second trimestre. Certaines malheureusement y sont sujettes tout le long de la grossesse. Rassurez-vous, il existe des solutions pour les faire taire, ou du moins les diminuer.
L'origine exacte des nausées n'est pas connue même si l'on pense que la grande fautive serait une hormone, répondant au doux nom d'hormone chorionique gonadotrope, HCG pour les intimes. Cette hormone est produite en grande quantité par le placenta durant le premier trimestre. Elle agit sur le système nerveux sympathique, qui commande notamment le fonctionnement du tube digestif, d'où quelques désordres, dont les nausées font partie. Toutes les sources de stress ainsi que la fatigue intense pourraient majorer ces effets. Ces nausées peuvent être responsables d'une perte de poids, mais rarement de plus de trois kilos, qui est sans conséquence pour vous et pour votre bébé.

LES GESTES À ADOPTER POUR ÉVITER LES NAUSÉES

• Première règle, soit vous mangez, soit vous buvez. En dehors des repas, buvez fréquemment de petites quantités de liquide. Il ne faut pas vous déshydrater.

• L'eau pétillante, chargée en électrolytes, est très intéressante pour calmer les nausées mais aussi pour récupérer des électrolytes si vous vomissez.

• Mangez assise et prenez votre temps. Ne vous allongez pas juste après un repas et attendez avant de faire quelques pas.

• Petit-déjeunez même si ça ne fait pas partie de vos habitudes. Il faut autant éviter un estomac vide que trop rempli. À ce titre, fractionner les repas peut être judicieux. Plutôt que trois gros repas, faites 4 à 5 repas plus frugaux. Les quantités étant moins importantes, vous digérerez plus facilement.

• Ne vous forcez pas à absorber un aliment qui vous déclenche systématiquement un vomissement.

• Mangez mixé éventuellement. Les morceaux, les miettes, les fils (comme avec la banane, les haricots verts) peuvent vous faire passer de l'état nauséeux à celui de vomissement. Si vous êtes concernée par le phénomène, mangez mixé-lisse.

• Préférez les aliments neutres, au goût peu prononcé, qui sont naturellement antinauséeux : purées, viandes grillées, poissons pochés, légumes cuits, fruits… que vous mangerez lentement. Pendant cette période, si cela est nécessaire, autorisez-vous un peu plus de féculents car ils ont un goût plutôt neutre.

• Fuyez les odeurs fortes si vous les supportez mal car elles peuvent déclencher des nausées.

• Évitez les pièces confinées, où il fait chaud. La chaleur aggrave en effet les nausées.

• Recherchez le zinc et la vitamine B6. Les aliments riches en zinc et en vitamine B6 sont des antinauséeux efficaces. Pour les sources de zinc, voir page 110. On trouve la vitamine B6 dans le blanc de volaille, le jambon, le carrelet, la sole, les brocolis, les épinards, le chou rouge, le germe de blé, la tomate, la banane…

• Buvez de l'eau citronnée (froide ou chaude). Vous pouvez aussi râper de la racine de gingembre frais que vous infuserez dans de l'eau bouillante pendant cinq minutes.

• L'acupuncture est une vraie solution contre les nausées persistantes.

COMPLÉMENTEZ-VOUS EN B12 SI VOUS ÊTES VÉGÉTALIENNE

Bien que toutes les vitamines B soient importantes pendant la grossesse, la vitamine B 12 a un rôle crucial (tout comme la B9) dans le développement du système nerveux central, qui se forme entièrement au cours des toutes premières semaines de la vie. La vitamine B12 est également indispensable à la production de globules rouges et à la synthèse de l'ADN.
Les carences en vitamine B12 pendant la grossesse peuvent causer des dommages neurologiques chez le bébé, augmenter les risques de certaines malformations congénitales, ainsi que contribuer à une naissance prématurée.
Parmi les meilleures sources alimentaires, on note les produits animaux comme le poisson, la viande, la volaille, les œufs, le lait et les produits laitiers. Les végétaux ne constituent pas une bonne source de vitamine B12. Toutes les femmes enceintes végétaliennes ou véganes doivent absolument éviter les carences en vitamine B12 en prenant des suppléments.

LES GESTES À ADOPTER SI VOUS ÊTES VÉGANE

Prendre chaque jour au moins 25 µg de vitamine B12 sous forme de comprimé.

ENTRAÎNEZ-VOUS À BOIRE SUFFISAMMENT

Vous avez besoin d'augmenter les liquides de votre organisme, pour plusieurs raisons :
• votre bébé nage dans le liquide amniotique dans votre utérus ;
• votre volume sanguin augmente significativement dès le premier trimestre de votre grossesse. En effet, les éléments nutritifs contenus dans votre circulation doivent arriver jusqu'à votre bébé, il est donc nécessaire d'avoir une circulation sanguine fluide. Boire suffisamment est une condition de bonne circulation ;
• plusieurs inconforts peuvent être limités par une hydratation suffisante, notamment les risques de constipation, d'infection urinaire, les crampes mais aussi la fatigue et les maux de tête qui sont deux signes de légère déshydratation.

Commencez au moins avec un litre et demi par jour que vous augmenterez graduellement. Sachez qu'au moment de l'allaitement, il vous sera nécessaire de boire trois litres. Vos besoins en sels et autres électrolytes ne doivent pas être négligés.

Ma petite astuce

Si vous n'aimez pas l'eau plate, buvez de l'eau gazeuse, qui est chargée en électrolytes.

Si malgré tout vous ressentez des inconforts tels que ceux listés précédemment (constipation, infection urinaire, crampes, fatigue, maux de tête), salez davantage vos aliments. Si vous avez réduit les glucides de votre alimentation, vos besoins en sel sont alors plus importants et ne doivent pas être négligés (voir page 81).

UNE SEMAINE DE MENUS SPÉCIAL PREMIER TRIMESTRE

LUNDI	MARDI	MERCREDI	JEUDI	VENDREDI	SAMEDI	DIMANCHE
• 1 jus de carotte • 1 infusion • Œufs brouillés à la crème (page 107) • Quelques oléagineux	• 1 jus de carotte • 1 infusion • 1 œuf coque • 1 bol de baies rouges • 1 yaourt à la grecque	• 1 jus de carotte • 1 infusion • Muesli maison (avec flocons de sarrasin et oléagineux et abricots secs) + lait de coco	• 1 jus de carotte • 1 infusion • Pain aux oléagineux (page 52) • Beurre cru bio	• 1 jus de carotte • 1 infusion • 1 tranche de pain complet au levain • Œufs au plat, jambon blanc ou cru (sans nitrate, sans nitrite) • Quelques oléagineux	• 1 jus de carotte • 1 infusion • Pancakes à la poudre d'amande ou aux flocons de sarrasin • Purée de noisette	• 1 jus de citron • 1 infusion • Une part de carrot cake aux amandes, glaçage à la crème (page 99)
• Soupe au potiron et lentilles corail (page 96) • Seitan • Salade verte	• Pousses d'épinards en salade (page 100) • Dos de cabillaud accompagné de tapenade d'olives noires	• Aubergine farcie • Tagliatelles de radis noirs	• Poivrons confits à l'huile • Tajine Bid et Maticha (page 35)	• Salade B9 (page 28) • Filet de merlan en papillote • Gratin de chou-fleur	• Guacamole et dips de carottes (page 104) • Coquilles Saint-Jacques poêlées • Dés de céleri-rave poêlés	• Poulet grillé • Curry de légumes variés et patate douce
• Smoothie banane-maca	• Smoothie banane-maca	• Smoothie banane-maca	• Smoothie banane-maca	• Smoothie banane-maca	• Smoothie banane-maca	• Smoothie banane-maca
• Calamars sauce huile d'olive/tomate/poivrons/huile d'olive • Riz complet ou riz de konjac selon votre régime • 1 carré de chocolat noir	• Escalope de veau poêlée • Courgettes à en salsa verde (page 18) • 1 carré de chocolat noir	• Velouté de légumes verts • Écrasé de sardines (page 130) • 1 carré de chocolat noir	• Sardines en boîte, à l'huile d'olive • Salade endives, noix, pomme • 1 carré de chocolat noir	• Huîtres gratinées au parmesan (page 111) • Pousses d'épinards en salade (page 100) • 1 carré de chocolat noir	• Poulet rôti • Purée orange aux épices (page 98) • 1 carré de chocolat noir	• Saumon en papillote • Asperges braisées • 1 carré de chocolat noir

Pour les éventuelles adaptations, reportez-vous aux annexes (pages 167-171) qui vous indiquent les principales sources alimentaires de nutriments nécessaires, ce qui vous permettra de choisir des aliments équivalents.

DEUXIÈME TRIMESTRE : DE 15 À 28 SEMAINES

Du quatrième mois au sixième mois de grossesse, la plupart des organes de votre bébé commencent à fonctionner. C'est ce que les spécialistes appellent les mois « de finition ». Votre bébé grandit de jour en jour. Ses bras et ses jambes commencent à s'allonger et vous sentez enfin leurs mouvements. Votre bébé est enduit d'une sorte de crème blanche qui protège sa peau. On l'appelle le *vernix caseosa*. Ses cheveux commencent à pousser et son corps est couvert d'un fin duvet appelé lanugo. Entre 23 et 27 semaines, votre bébé prend du poids et sa tête devient mieux proportionnée par rapport à son corps. Ses sourcils et ses cils sont même visibles. C'est vers la fin de ce trimestre que ses yeux commencent à s'ouvrir.

Ce qui est également intéressant de comprendre et qui va justifier une partie des objectifs diététiques fondamentaux de cette période-là, c'est que bien que les cellules nerveuses (neurones) apparaissent dès le début de la grossesse, c'est au quatrième mois que la production est au plus haut point : tout est en place pour la formation de la matière grise. Les neurones se multiplient. Le cerveau en fabrique 5 000 par seconde. À ce stade, le fœtus en possède déjà plusieurs milliards. Ils vont migrer vers la surface du cerveau, ou cortex, en se dirigeant grâce à la signalisation de cellules qui les orientent au bon endroit, et former la matière grise qui regroupe les noyaux des neurones. Une fois ce chemin parcouru, les neurones sont donc spécialisés. Chacun est à sa place.
Pour que le cerveau fonctionne correctement, les cellules nerveuses vont développer deux sortes de prolongements, les axones et les dendrites, qui leur permettront de communiquer entre elles par un « câblage ». Ce « cablâge » entre neurones commence *in utero* et se poursuivra après la naissance. Le cerveau change d'aspect vers le cinquième mois de grossesse : la matière grise en train de se former, réclame de la place ! Le cortex se plisse et comporte de plus en plus de sillons.

Bon à savoir

Savez-vous qu'à seulement 15 semaines, le fœtus a développé des papilles gustatives et peut percevoir les arômes des aliments que vous consommez ? Pendant la grossesse, vos choix alimentaires vont permettre de débuter l'éducation de son palais et ses préférences gustatives. Ils feront également office de modèles pour ses futures habitudes alimentaires. La nécessité de varier les légumes, les viandes, les poissons, etc. prend une importance supplémentaire.
Pour poursuivre son éducation gustative quand bébé sera là : *P'tits déj et goûters pauvres en sucres*, aux éditions Thierry Souccar.

De votre côté, votre ventre commence à s'arrondir. À l'intérieur, votre utérus prend de plus en plus de place. Il grandit de 4 cm en hauteur par mois pour devenir le cocon de bébé et atteindre plus de 30 cm et 1 kg. Il pousse vos organes vers le haut pour prendre de la place.
Pour toutes ces raisons, vos besoins augmentent légèrement. Je ne vais pas vous parler en termes de calories, comme on l'entend souvent. C'est totalement absurde. Tout cela dépend de votre poids, de votre taille et puis comme je vous l'ai déjà indiqué c'est davantage la qualité des calories que leur quantité qui compte. Gardez donc en mémoire que votre attention doit surtout porter sur des choix d'aliments, en fonction de leur qualité nutritionnelle et non de la quantité de leurs calories. Pour ce qui est des quantités, ce sont la faim et la satiété qui seront vos guides.

AUGMENTEZ VOS APPORTS EN PROTÉINES ANIMALES OU VÉGÉTALES

Pour répondre aux besoins en protéines de construction de l'organisme, que ce soit pour les tissus de votre bébé ou pour vos propres tissus, il vous faut augmenter la quantité des meilleures sources de protéines bien absorbées par l'organisme. Il s'agit de se tourner vers plus de viande, de poisson, de produits de la pêche en général, d'œufs ou d'alternatives végétales pauvres en glucides, telles que le soja texturé, le tofu, le seitan. Attention toutefois à ne pas abuser du soja et de ses dérivés (voir encadré ci-dessous). Il y a aussi des protéines dans certains produits végétaux mais elles sont moins bien absorbées.

FAUT-IL SE MÉFIER DES PHYTO-ŒSTROGÈNES DU SOJA ?

Le soja pose question notamment suite à des articles publiés dans *The Lancet*, qui suggèrent qu'il pourrait engendrer, en raison des phyto-œstrogènes qu'il contient, une puberté précoce chez les filles et chez les garçons, multiplier les risques d'anomalies du pénis, lorsque la mère a consommé du soja en abondance pendant sa grossesse.

Vous pouvez consommer du soja mais évitez d'en faire un aliment du quotidien et de préférence achetez-le fermenté afin que l'acide phytique ne soit plus présent pour gêner l'absorption des nutriments et vitamines (tempeh, miso, sauce soja).

L'autre point pour lequel il vaut mieux éviter le soja à haute dose est qu'il a un pouvoir goitrogène, c'est-à-dire qui bloque et empêche l'utilisation de l'iode, pouvant engendrer un ralentissement thyroïdien. Or, la thyroïde joue un rôle clé dans la grossesse en fournissant au fœtus les hormones nécessaires à son développement.

Les hormones thyroïdiennes maternelles sont notamment essentielles pour le développement du système nerveux du fœtus. Étant donné que la thyroïde de votre bébé ne commence à fonctionner qu'entre la dixième et la douzième semaine de gestation, le développement neurologique est réellement dépendant pendant toute la période antérieure de la thyroïde de la mère. La dépendance est telle pour le développement que certaines études font état d'une baisse du quotient intellectuel (QI) de 5 à 10 points chez les enfants nés d'une mère hypothyroïdienne non équilibrée par rapport à un enfant né de mère supplémentée de manière adéquate.

Petit plus, les protéines aident à réguler votre taux de sucre sanguin et à calmer les fringales. Vous devriez consommer au moins 1 g de protéines de bonne qualité, bien absorbées par l'organisme, par kilo de poids corporel.

Il faut compter sur 100 g de viande, poisson ou œufs pour vous apporter 20 g de protéines. Les alternatives végétales, telles que tempeh, seitan, tofu, etc. vous en apporteront un peu moins. Les sources les plus riches en protéines restent en effet les produits animaux.

Si vous pesez 60 kg, vous avez besoin de 60 g de protéines de bonne qualité soit 300 g de viande ou poisson par jour. C'est l'équivalent de 6 œufs. Vous pouvez répartir cette prise en deux ou trois repas. Si, par exemple, vous mangez des œufs le matin, diminuez d'autant la quantité de sources de protéines aux repas suivants.

LES PRODUITS DE LA MER, LE SUPER COMBO

Pensez à consommer des produits de la mer en guise de bonne source de protéines car ils sont également riches en iode. L'iode est un composant essentiel des hormones thyroïdiennes qui régulent d'importantes réactions biochimiques. Ces hormones ont un impact sur la synthèse des protéines ainsi que les activités enzymatiques et métaboliques. L'iode est essentiel pendant la grossesse pour soutenir la croissance et le développement d'un cerveau sain, du squelette et de l'activité métabolique. Une carence en iode entraîne une multitude d'effets néfastes sur la croissance et le développement, notamment sur la santé mentale du bébé. Une proportion importante de femmes enceintes souffre d'une carence en iode. Parmi les autres bonnes sources alimentaires, on peut citer les algues, les produits laitiers, les œufs, la volaille ainsi que les céréales à grains entiers.

Le poulpe est une bonne source d'iode et un formidable concentré de nutriments bon pour votre bébé. Il est riche en protéines, source indéniable de fer, fondamental pour le transport de l'oxygène dans le sang, et contient une dose non négligeable d'agents antioxydants, tels que le cuivre et le sélénium qui agissent pour combattre les radicaux libres. C'est aussi un cocktail de vitamines indispensables : de la vitamine B2 pour la production d'hormones, de la vitamine B12 pour la fabrication des globules rouges et le bon développement du système nerveux, et de la vitamine B6 pour le bon fonctionnement du système immunitaire. Enfin, le poulpe contient du phosphore et du zinc en quantité intéressante, nécessaires à la formation des cellules.

POUR
2 parts

PRÉPARATION
20 minutes

CUISSON
60 minutes

POULPE AUX LÉGUMES GRILLÉS

Ingrédients

- 2 poulpes
- 50 g de délice de tomates séchées (fait maison ou du commerce mais à choisir sans additif)
- 6 c. à s. d'huile d'olive
- 1 petite courgette
- ½ poivron rouge
- ½ poivron jaune
- ½ oignon
- 3 branches de basilic
- Paprika
- Ail en semoule
- Sel, poivre

Nettoyez les poulpes : trempez-les et rincez-les abondamment pour nettoyer les ventouses. Enlevez l'encre en retournant la tête. Videz les organes internes de la tête et retirez la peau.

Remplissez une casserole avec environ 1,5 litre d'eau, une grosse pincée de sel et laissez cuire à feu moyen et à couvert 45 minutes. Laissez tiédir et égouttez.

Coupez en tronçons les tentacules et saupoudrez-les d'ail en semoule et de paprika.

Ajoutez 4 c. à s. d'huile d'olive et laissez mariner.

Émincez finement les légumes en petits dés.

Faites chauffer une sauteuse à feu vif. Versez 2 c. à s. d'huile d'olive. Faites suer l'oignon pendant 5 minutes puis ajoutez les autres légumes et le délice de tomates séchées. Faites compoter 10 minutes environ.

Ajoutez les feuilles de basilic, salez et poivrez.

Poêlez les morceaux de poulpe dans une poêle sans matière grasse, celle de la marinade étant suffisante. La cuisson étant très rapide, 5 minutes à feu vif sont suffisantes pour colorer et réchauffer le poulpe. Salez et poivrez en fin de cuisson.

Dressez. Servez avec un quartier de citron.

Quelle que soit votre position vis-à-vis des protéines animales, sachez qu'une alimentation très pauvre en protéines durant la grossesse et l'allaitement pourrait avoir des conséquences durables sur la santé de votre enfant, d'après une étude publiée dans *The FASEB Journal*. Des chercheurs français de l'Institut du cerveau et de la moelle épinière et de l'Unité de nutrition humaine de l'Inra ont notamment mis en évidence, lors d'une expérience menée sur des souris, que le manque de protéines apportées par la mère durant la période périnatale entraîne des modifications au niveau du gène de la leptine, l'hormone régulant la satiété et le métabolisme. Les petits nés de mères qui ont reçu un régime pauvre en protéines sont plus maigres que les autres et présentent des troubles métaboliques. Ces problèmes persistent à l'âge adulte[35].

CONSOMMEZ DU GRAS À CHAQUE REPAS

En pratique, cela signifie d'ajouter systématiquement au moins un filet d'huile d'olive sur votre plat, de manger des œufs, du poisson gras, de cuisiner avec des oléagineux ou de croquer dans des graines et noix... Il vous faut manger gras. Cela vous effraie ? Je vais vous expliquer pourquoi cette peur est sans fondement et en quoi c'est plutôt le manque de graisses qui peut être dangereux.

Premièrement, à partir du moment où vous contrôlez vos apports en glucides, vous n'avez pas à vous inquiéter de manger gras. Le gras que vous consommez ne se stocke sous forme de graisses dans l'organisme que sous l'impulsion des pics de glycémie et donc sous l'influence des glucides que vous mangez.

Deuxièmement, votre taux de cholestérol n'a rien à craindre. Ce n'est pas parce que vous consommez de l'huile d'olive et des sardines en boîte à l'huile que votre cholestérol total va grimper en flèche. Bien au contraire, l'apport de bonnes graisses dans l'alimentation permet d'obtenir un bon équilibre entre LDL cholestérol (celui qui est appelé « mauvais cholestérol ») et HDL cholestérol (celui qui est appelé « bon cholestérol »).

Le cholestérol est transporté dans l'organisme via des transporteurs appelés lipoprotéines. On distingue les lipoprotéines de haute densité (HDL) des lipoprotéines de basse densité (LDL). Ces dernières transportent le cholestérol du foie vers les cellules des organes. C'est pour cette raison que les LDL sont vues comme le « mauvais cholestérol ». Les HDL partent des organes et vont venir récupérer ces dépôts pour les transporter jusqu'au foie où ils seront éliminés. On parle alors de « bon cholestérol ». En réalité les deux sont essentiels à la vie. L'idéal est d'avoir un bon équilibre entre eux.

En effet, le cholestérol n'est pas un ennemi à chasser absolument. C'est un corps gras qui joue plusieurs rôles dans le bon fonctionnement de l'organisme. Chez la femme enceinte, il contribue à la qualité du placenta dans lequel se développe le fœtus. La santé du futur bébé se voit donc menacée en cas d'hypocholestérolémie, et le risque d'accouchement prématuré est plus important. Naturellement le taux de cholestérol total a tendance à augmenter durant cette période. Cela serait dû aux œstrogènes et aux hormones qui ont besoin de cholestérol pour se former. Comme les œstrogènes et les hormones augmentent durant la grossesse, le cholestérol va lui aussi augmenter. Cependant, ne vous en alarmez pas et surtout ne supprimez pas les aliments gras de votre alimentation pour le faire baisser.

Les vitamines A,D, E et la choline sont liposolubles c'est-à-dire qu'elles sont apportées par des aliments qui contiennent des graisses.

Bon à savoir

Le gras, tout comme les protéines, calme la faim. De plus, il n'élève pas le niveau de glycémie et d'insuline. Les fameux petits creux de grossesse (voir page 73), d'ordre physiologique, peuvent faire leur apparition au cours de ce second trimestre, parfois même ils vous réveilleront en pleine nuit, avec une furieuse envie de vous jeter sur la première baguette de pain à votre portée ! Ils sont avant tout la cause des variations de glycémie et plutôt que de les satisfaire, apprenez à ne plus les avoir grâce à une alimentation moins glucidique et plus riche en graisses.

Enfin, n'oubliez pas que 60 % du cerveau de votre bébé est constitué de gras. Le gras de votre alimentation est donc important pour la construction du cerveau et de l'activité cérébrale de votre bébé.

Parmi les graisses à privilégier, il est important de vous parler des **oméga-3** qui sont des graisses polyinsaturées que l'organisme ne sait pas synthétiser. Ce sont des graisses indispensables pour votre corps qui ne peut s'en procurer qu'à travers votre alimentation.

Il existe plusieurs oméga-3. Le chef de file, celui qui donne naissance à tous les autres, s'appelle acide alpha-linolénique (ALA). On le trouve dans les végétaux : noix, graines de lin, pourpier, huiles de colza et de lin. L'ALA aurait à lui seul un intérêt pour la santé cardio-vasculaire. Mais il est également transformé par le corps en deux autres membres de la famille oméga-3 : le DHA (acide docosahexaénoïque) et l'EPA (acide eicosapentaénoïque), qui sont anti-inflammatoires, fluidifiants sanguins et promoteurs de la santé du système nerveux. Cette transformation est plus efficace chez les personnes jeunes que les personnes âgées. Mais on trouve aussi DHA et EPA directement constitués dans les poissons gras, tels que la sardine ou le saumon, les crustacés, les coquillages et les jaunes d'œufs de poules nourries au lin.

Une étude française[36] a révélé que chez les femmes enceintes, les apports d'oméga-3 sont très en dessous des recommandations. En effet, les chercheurs ont révélé que les apports quotidiens en oméga-3 des participantes étaient 4 à 10 fois inférieurs (pour ALA et DHA respectivement) aux recommandations pour les femmes enceintes comme chez celles en âge de procréer. Or, ces oméga-3 sont très importants pour vous (meilleure gestion du stress, peau plus belle, meilleure santé cardio-vasculaire…) et pour votre bébé. Ces graisses permettraient d'améliorer son développement cognitif et moteur. En manquer dans votre alimentation pourrait avoir un impact négatif sur la teneur en oméga-3 dans les membranes cérébrales du fœtus mais aussi du nourrisson et donc dans le développement visuel et cognitif de votre bébé au cours des premières années de vie. En consommer suffisamment permettrait aussi de limiter le risque de prématurité, le risque d'eczéma et d'allergies[37].

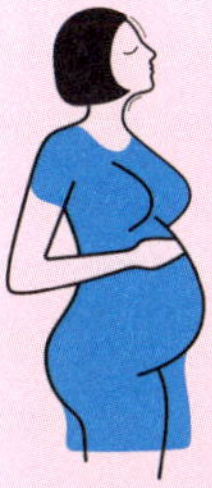

LES GESTES À ADOPTER POUR BIEN ÉQUILIBRER SES GRAISSES

Veillez à consommer tous les jours les graisses suivantes :

• **de l'huile d'olive :** elle est intéressante pour ses oméga-9 et peut être remplacée ponctuellement par des graisses animales comme les graisses d'oie et de canard, mais aussi de l'huile de noisette ou de l'huile d'avocat ;

• de l'huile de colza, une huile équilibrée intéressante parce qu'elle apporte des oméga-3 comme nous venons de le voir ;

• **30 g d'oléagineux :** leurs graisses sont bien équilibrées. Ils sont également des sources de protéines et d'un peu de glucides et riches en fibres. Consommez modérément **les plus glucidiques** : noix de cajou, pignons de pin, pistaches. Misez sur **les plus riches en graisses** : noix de pécan, de macadamia et du Brésil. Parmi **les plus protéinés** : amandes, cacahuètes, graines de lin, graines de chia, pistaches. **Les plus riches en fibres** sont les amandes, les graines de lin et les graines de chia ;

• **un produit laitier gras par jour (si vous en consommez) :** 1 part de produit laitier = 1 yaourt ou 30/40 g de fromage ou 120 ml de lait ou 100 g de crème fraîche, double crème ou crème fleurette.

Et pour **booster vos apports en oméga-3 :**

• mangez un **petit poisson gras 3 fois par semaine** (harengs, maquereaux, anchois par exemple) afin de recevoir un apport en oméga-3 d'excellente qualité ;

• mangez des **sardines**. Même en conserves, elles sont riches en oméga-3 et en plus pleines de calcium et de magnésium, des éléments qui vont faire du bien à votre tout-petit et favoriser son bon développement. Vous pouvez les consommer directement sorties de leur boîte, accompagnées d'une salade de cresson, riche en calcium et en vitamine C, ou encore écrasées, en tartinade sur une feuille d'endive et non sur du pain si vous surveillez votre poids ou votre apport de glucides dans le cadre d'un régime low carb ou cétogène.

POUR
1 part

PRÉPARATION
10 minutes

ÉCRASÉ DE SARDINES

Ingrédients

- 1 boîte de sardines
- 30 cl d'huile d'olive
- 1 échalote
- Sel
- Poivre (de préférence poivre de Kampot)
- 1 petit bouquet de coriandre (ou quelques brins d'aneth)
- 1 citron

Émiettez les sardines dans un petit saladier. Gardez l'arête centrale si vous souhaitez faire le plein de calcium. Choisissez des *sardinillas* (petites sardines) pour leurs arêtes plus fines.

Émincez l'échalote et la coriandre (ou l'aneth) très finement. Pressez le citron.

Ajoutez-les aux sardines avec l'huile, le jus du citron, un peu de poivre, un léger soupçon de sel.

Mélangez bien le tout avec une spatule jusqu'à obtention d'une texture homogène.

Placez au frais.

Astuce Si vous n'aimez pas les sardines, vous pouvez adapter la recette en les remplaçant par d'autres petits poissons gras peu contaminés par les métaux lourds (voir liste page 25).

POUR
4 parts

PRÉPARATION
10 minutes

CUISSON
35 minutes

TAJINE DE SARDINES

Ingrédients

- 500 g de filets de sardines
- 1 oignon
- 1 citron confit
- 1 citron
- 30 g d'olives violettes
- 8 cl d'huile d'olive
- 1 boîte de concentré de tomate
- 1 botte de persil
- 1 botte de coriandre
- ½ c. à c. de piment doux
- 2 gousses d'ail
- Sel, poivre

Hachez le persil, la coriandre et les gousses d'ail. Pressez le citron.

Mélangez le persil et la coriandre avec l'ail, le piment doux, le sel, le jus de citron et la moitié de l'huile d'olive. Réservez une cuillère à soupe de cette préparation et farcissez les filets de sardines avec le reste.

Dans un tajine ou un plat en fonte, disposez l'oignon préalablement coupé en rondelles, le reste d'huile d'olive, le sel, le concentré de tomate et 1/2 verre d'eau. Mettez le tajine sur feu moyen et laissez cuire pendant 15 minutes.

Ajoutez le reste de la préparation à base d'herbes, les sardines farcies, les olives violettes, le citron confit. Couvrez le tajine et laissez cuire pendant 20 minutes.

PRENEZ SOIN DE VOS DENTS

Au deuxième trimestre, vos dents et vos gencives sont plus sensibles et peuvent saigner plus facilement. Des études ont montré que certaines carences pouvaient expliquer une plus grande incidence de maladies parodontales. La vitamine K2, la vitamine D et le calcium, déjà évoqués dans ce livre, vous aideront sur ce point car l'émail dentaire est un tissu minéralisé. Les oméga-3 vont pouvoir aussi être un allié dans le traitement de la maladie parodontale. En effet, le rôle anti-inflammatoire des oméga-3 va aider à contrer la réaction inflammatoire liée au déchaussement dentaire. Des travaux[38] ont montré que l'apport d'oméga-3, comme adjuvant au traitement contre la parodontite permettait de se rétablir plus rapidement. De plus, la grossesse entraîne des changements physiologiques susceptibles d'affecter l'hygiène de vos dents. Or, on sait désormais qu'une mauvaise santé bucco-dentaire peut notamment augmenter les risques d'accouchement prématuré, d'hypotrophie fœtale ou de prééclampsie. En plus de la vitamine D, de la vitamine K2, du calcium et des oméga-3 nécessaires à la santé bucco-dentaire, vous devez aussi être vigilante sur votre apport de vitamine C. 10 % de la population est carencée en vitamine C en raison d'une alimentation de plus en plus transformée. Chez les fumeuses, on atteint même les 30 %. La vitamine C a une influence sur la synthèse du collagène et sa carence peut entraîner un relâchement au niveau de la gencive, ayant pour conséquence une infiltration de bactéries provoquant la formation de poches parodontales. Si vous optez pour du jus de citron dilué dans de l'eau pour vous apporter de la vitamine C, buvez-le à la paille. En effet, l'acidité contenue dans l'orange ou le citron peut provoquer des déminéralisations au niveau de l'émail fragilisé à ce stade de grossesse. Attention au sucre une fois de plus : quand une carie apparaît, les bactéries se nourrissent de sucre et fabriquent des acides qui détruisent l'émail et la dentine. Évitez le sucre et buvez de l'eau régulièrement durant la journée, pour avoir une salivation plus importante, car la salive contient des substances naturelles de défense immunitaire. Une mastication plus longue favorise aussi une production de salive plus importante et joue ainsi un rôle protecteur.

MANGEZ DES ALIMENTS RICHES EN FER

La consommation hebdomadaire de viande rouge vous assurera un apport en fer suffisant pour les besoins qui sont spécifiques à ce stade de votre grossesse. En effet, ces besoins en fer sont plus élevés pendant la grossesse qu'en temps normal car votre volume sanguin augmente pour répondre à la demande du bébé en développement et du placenta. Le fer est un composant de l'hémoglobine, qui permet aux globules rouges de transporter l'oxygène dans tout l'organisme, assurant ainsi que le bébé obtient la quantité qu'il lui faut pour un développement sain. Il intervient également dans le métabolisme cellulaire. Il est essentiel pour le développement neurologique du fœtus. Un taux suffisant de fer dans l'organisme assure aussi un accouchement normal et sécuritaire, et diminue la fatigue due à une anémie pendant la période postnatale.

Ma petite astuce

Préparer ses infusions dans de véritables théières en fonte japonaises ou faire cuire une sauce tomate dans une casserole en fer peut aussi aider à augmenter ses apports car le fer de l'ustensile de cuisson passera aussi dans les aliments.

En dehors de la viande rouge, on peut citer parmi les meilleures sources alimentaires de fer les autres viandes, les fruits de mer, les légumes secs. Attention, les végétaux doivent être associés à une source de vitamine C pour que leur fer soit bien assimilé. Les produits laitiers sont d'autres bonnes sources.
Et si vous êtes végétarienne, voici page suivante une recette sans viande et riche en fer.

POUR
4 parts

PRÉPARATION
10 minutes

CUISSON
30 minutes

PURÉE DE LENTILLES CORAIL

Ingrédients

- 4 tasses de lentilles corail
- 2 tomates
- 1 oignon
- 4 c. à s. d'huile d'olive
- 1 c. à s. de curry
- Quelques feuilles de coriandre
- Sel, poivre
- 1 citron

Émincez l'oignon et faites-le dorer dans une casserole avec l'huile d'olive.

Ajoutez les tomates coupées en dés, les lentilles, et recouvrez d'eau. Salez, poivrez et ajoutez le curry. Laissez cuire 30 minutes à feu doux.

Mixez ensuite le tout jusqu'à ce que la purée soit crémeuse.

Dressez.

Pressez le citron.

Versez sur la purée le jus de citron, déposez les feuilles de coriandre et servez.

SUPPLÉMENTEZ-VOUS EN CHOLINE

La choline est un micronutriment essentiel appartenant à la catégorie des vitamines B. Elle est extrêmement importante car elle soutient la structure et la fonction du cerveau et de la moelle épinière pendant le développement fœtal. Selon plusieurs études, consommer pendant la grossesse davantage d'aliments riches en choline pourrait stimuler le développement du cerveau du bébé.

La choline est présente en forte concentration dans les jaunes d'œufs, la viande rouge maigre, le poisson, la volaille, les légumineuses, les noix et les cacahuètes et les légumes crucifères (choux). Bon nombre de femmes enceintes n'obtiennent pas une quantité suffisante de choline par l'alimentation. Or, un déficit pendant la grossesse augmente le risque de malformations du tube neural. Cela favorise également la prééclampsie, le risque de naissance prématurée et de faible poids du nouveau-né. Des études récentes menées sur l'animal ont montré qu'une supplémentation en choline en cours de grossesse entraîne des avantages cognitifs à long terme pour les enfants à naître[39].

Bon à savoir

Vos besoins en choline pendant cette période sont de 480 mg par jour. Si vous mangez peu d'aliments riches en choline, vous devez vous supplémenter. Votre diététicien ou votre médecin vous aidera à déterminer la dose qu'il vous convient de prendre sous forme de supplément, en fonction de votre profil.

POUR
2 parts

PRÉPARATION
20 minutes

CUISSON
15 minutes

POKE BOWL
RICHE EN CHOLINE

Ingrédients

- 300 g de suprêmes de saumon (filets pour sushis)

Pour la marinade

- 2 c. à s. de sauce soja
- 1 citron
- 2 c. à s. d'huile de sésame
- 2 c. à c. de sésame grillé

Pour le riz

- 100 g de riz basmati complet (ou 300 g de riz de konjac ou de cœurs de palmier)
- 3 c. à s. de vinaigre de riz
- 1 c. à s. de sauce soja

Pour les légumes

- 100 g de brocolis
- 100 g de chou-fleur
- 100 g de chou chinois
- 1 c. à s. de sauce soja
- 1 poignée de cacahuètes

Coupez les suprêmes de saumon en dés.

Pressez le citron.

Faites une marinade avec la sauce soja, le jus du citron, l'huile de sésame et le sésame grillé.

Ajoutez les dés de saumon, mélangez, couvrez et laissez mariner au moins 30 minutes, au réfrigérateur.

Pendant ce temps, préparez le riz. Dans une passoire, rincez le riz sous l'eau froide jusqu'à ce que l'eau qui s'écoule soit claire. Égouttez. Faites cuire ensuite le riz dans un grand volume d'eau le temps indiqué sur l'emballage. Égouttez, placez-le dans un saladier puis mélangez-le à la sauce soja et au vinaigre de riz. Réservez.

Coupez le chou chinois en lanières et coupez les brocolis et le chou-fleur en fleurettes.

Faites cuire à la vapeur durant 10 minutes les fleurettes et durant 5 minutes les lanières de chou chinois.

Arrosez-les de sauce soja.

Concassez les cacahuètes.

Saisissez le saumon à la poêle pendant 5 minutes.

Dans un bol, répartissez le riz puis déposez les légumes et le saumon. Parsemez des cacahuètes concassées.

Info Le poke bowl est habituellement un plat à base de poisson cru, mais ici la recette utilise du saumon cuit pour être adaptée à votre grossesse. La sauce soja est intéressante pour sa richesse en choline, mais le soja étant à consommer avec modération pendant votre grossesse, je vous recommande de ne pas trop en abuser.

6e MOIS

COMMENCEZ À FRACTIONNER VOS REPAS

Le troisième trimestre de grossesse arrive à grands pas et vous devez donc d'ores et déjà le préparer, car votre besoin énergétique grimpe encore. Vous devrez augmenter votre apport en protéines (il faut compter maintenant sur 1,2 g de protéines par kilo de poids corporel), en graisses (consommez une poignée d'oléagineux en plus sur la journée ou 1 à 2 c. à s. d'huile en plus), éventuellement en glucides (prenez 2 c. à s. de légumes de plus par repas ou un fruit de plus par jour ou bien ajoutez 1 à 2 c. à s. de féculents à votre repas si vous en consommez).

Augmenter le nombre de calories nécessite d'augmenter éventuellement le volume d'aliments. Mais à ce stade de votre grossesse, votre utérus est plus volumineux et votre bébé bouge de plus en plus, ce qui peut entraîner des compressions de l'estomac, réduisant ainsi la capacité gastrique, donc le volume du bol alimentaire (le volume que vous pouvez ingérer en un repas). Cela peut générer des douleurs à l'estomac après le repas et des remontées acides la nuit.

Il est donc judicieux de fractionner votre alimentation en 3 repas et 2 collations dans la journée, mais en restant vigilante sur l'équilibre alimentaire. Tous les conseils que vous appliquez depuis le début de votre grossesse restent d'actualité. Il est important de garder une alimentation savoureuse avec des goûts variés. Cela vous aidera à maintenir un bon équilibre alimentaire, mais également contribuera à l'éveil du goût de votre bébé. Le goût des aliments se retrouve au niveau du liquide amniotique, vous préparez ici la diversification alimentaire de votre enfant. Si vous prenez une collation le matin, c'est le bon moment pour manger vos oléagineux. Si vous faites une collation l'après-midi, c'est le bon moment pour manger votre yaourt et votre fruit.

Les brûlures digestives peuvent également être présentes. Dans ce cas, il est conseillé de manger plus souvent en plus petites quantités et d'éviter les repas trop copieux. En cas de brûlures d'estomac, évitez également de consommer des plats en sauce, épicés, trop vinaigrés, des cornichons, des tomates, des jus de fruits acides ou des boissons gazeuses. Privilégiez plutôt les légumes cuits, comme les carottes, endives, courgettes, haricots verts, aubergines, épinards, ainsi que les fruits frais, tels que les poires, pommes, pêches, bananes fraîches en dehors des repas. Évitez également de manger de la soupe ou de boire au cours du repas du soir. Je vous conseille également de prendre une cuillerée à soupe de gel d'aloe vera à la fin de votre repas pour calmer les brûlures.

Ma petite astuce

Si des nausées accompagnées de vomissements apparaissent au deuxième ou au troisième trimestre, ce n'est pas normal. Parlez-en rapidement à votre médecin.

COMBATTEZ LES CRAMPES

Manger selon les objectifs fixés depuis votre désir de concevoir vous permet d'avoir un maximum d'électrolytes. Vous devez vous assurer notamment un bon apport en magnésium afin d'éviter des crampes, mais aussi une sensation de stress et de fatigue. Et mieux vaut éviter ces deux sensations pour être en pleine forme le jour de l'accouchement et pour faire au mieux votre futur travail de maman !

Le magnésium est aussi le cofacteur de plus de 300 enzymes dans l'organisme. Une consommation adéquate de magnésium est associée à une croissance fœtale saine et à une naissance à terme.

LES GESTES À ADOPTER POUR ÉVITER LES CRAMPES

• Mangez des aliments riches en magnésium : légumes feuillus verts, légumineuses, avocats, noix, chocolat noir, graines, grains entiers.

• N'hésitez pas à vous supplémenter en magnésium car les sols étant appauvris en ce minéral, nos aliments en contiennent moins qu'autrefois et on observe dans la population générale une carence en magnésium. Privilégiez un magnésium marin ou bisglycinate, associé à une vitamine du groupe B et de la taurine afin qu'il soit bien assimilé. Une prise d'au moins 250 mg matin et soir est intéressante.

• Augmentez vos apports en eau. Boire peu favorise les crampes. Vous pouvez à ce stade facilement boire de 2,5 à 3 litres d'eau. Cela vous habituera en plus à boire suffisamment pour votre production de lait si vous souhaitez allaiter.

• Salez vos aliments si vous suivez un régime low carb et surtout cétogène car le manque de sel favorise aussi les crampes.

• Assurez-vous également d'avoir un bon taux de potassium sanguin (par dosage de la kaliémie).

POUR
6 cookies

PRÉPARATION
5 minutes

CUISSON
15 minutes

COOKIES CHOCO-BANANE

Ingrédients

- 250 g de poudre d'amande
- 1 c. à c. de bicarbonate de soude
- 100 g de purée de cajou (ou de noisette)
- 100 g de noix
- 1 grosse banane
- 1 gros œuf
- 50 g de pépites de chocolat noir
- 30 ml de lait (ou lait de cajou)

Préchauffez le four à 180 °C.

Mélangez la poudre d'amande avec le bicarbonate. Ajoutez la purée de cajou (ou de noisette) avec les doigts en frottant pour sabler la pâte. Ajoutez les noix préalablement concassées au couteau.

Dans un saladier à part, écrasez la banane avec une fourchette. Ajoutez l'œuf puis le lait et mélangez le tout. Si la préparation est trop sèche, ajoutez un peu plus de lait.

Mélangez les deux préparations. Ajoutez les pépites de chocolat.

Déposez, à l'aide de deux cuillères, l'équivalent d'une cuillerée à soupe de pâte sur une plaque recouverte de papier cuisson. Arrondissez les cookies avec le dos de la cuillère.

Laissez cuire pendant 15 minutes. Faites refroidir sur une grille.

Astuce Ces cookies constituent une collation idéale du matin, à la fois gourmande et riche en magnésium.

Le second trimestre est donc un moment clé de la diététique prénatale, notamment en ce qui concerne le développement du cerveau de votre bébé. J'espère vous avoir donné suffisamment d'arguments en ce sens pour vous inciter à les suivre. Le troisième trimestre va être plus tranquille pour vous, avec simplement quelques petits nouveaux objectifs. Bien que chacun soit important, dès l'étape du désir d'enfant jusqu'au moment de la première étreinte ou de la fin de l'allaitement, on peut dire que, à cette étape de votre grossesse, vous avez déjà fait le principal. Il s'agit maintenant principalement d'objectifs de confort qui s'ajoutent à ce que vous avez déjà fait, ainsi que des conseils pour préparer l'après-accouchement.

UNE SEMAINE DE MENUS SPÉCIAL DEUXIÈME TRIMESTRE

LUNDI	MARDI	MERCREDI	JEUDI	VENDREDI	SAMEDI	DIMANCHE
• 1 jus de carotte • 1 infusion • Œufs brouillés à la crème (p. 107) • Quelques oléagineux	• 1 jus de carotte • 1 infusion • 1 œuf coque • 1 bol de baies rouges • 1 yaourt à la grecque	• 1 jus de carotte • 1 infusion • Muesli maison (avec flocons de sarrasin et oléagineux et abricots secs) + lait de coco	• 1 jus de carotte • 1 infusion • 1 tranche de pain aux oléagineux (p. 52) + beurre cru bio	• 1 jus de carotte • 1 infusion • 1 tranche de pain complet au levain • Œufs au plat, jambon blanc ou cru (sans nitrate ni nitrite) • Quelques oléagineux	• 1 jus de carotte • 1 infusion • Pancakes à la poudre d'amande ou aux flocons de sarrasin • Purée de noisette	• 1 jus de citron • 1 infusion • 1 part de carrot cake aux amandes, glaçage à la crème (p. 99)
• Soupe au potiron et lentilles corail (p. 96) • Seitan • Salade verte	• Pousses d'épinards en salade (p. 100) • Dos de cabillaud accompagné de tapenade d'olives noires	• Aubergine farcie • Tagliatelles de radis noirs	• Poivrons confits à l'huile • Tajine Bid et Maticha (p. 35)	• Salade B9 (p. 28) • Filet de merlan en papillote • Gratin de chou-fleur	• Guacamole et dips de carottes (p. 104) • Coquilles Saint-Jacques poêlées • Dés de céleri-rave poêlés	• Magret de canard au four • Asperges braisées
• Poulpe aux légumes grillés (p. 124) • 1 carré de chocolat noir	• Escalope de veau poêlée • Courgettes en salsa verde (p.18) • 1 carré de chocolat noir	• Poke bowl riche en choline (p.137) • 1 carré de chocolat noir	• Écrasé de sardines (p. 130) • Salade endives, noix, pomme • 1 carré de chocolat noir	• Huîtres gratinées au parmesan (p. 111) • Pousses d'épinard en salade (p. 100) • 1 carré de chocolat noir	• Poulet rôti • Purée orange aux épices (p. 98) • 1 carré de chocolat noir	• Tajine de sardines (p. 131) • 1 carré de chocolat noir

Pour les éventuelles adaptations, reportez-vous aux tableaux des annexes (pages 167-171) qui vous indiquent les principales sources alimentaires de nutriments nécessaires, ce qui vous permettra de choisir des aliments équivalents.

TROISIÈME TRIMESTRE

Vous voici arrivée au dernier trimestre, celui où votre bébé déjà formé finit de grandir et de grossir.

De votre côté, votre corps se transforme un peu plus. Les battements de votre cœur augmentent car votre organisme s'adapte à la présence du bébé. Votre volume sanguin augmente aussi, mais votre tension artérielle diminue d'environ 25 % en raison de l'accroissement du diamètre des vaisseaux. Vos seins se préparent à la lactation. Ils prennent du volume, ils sont plus lourds et plus sensibles en raison de l'hypersécrétion hormonale. Vos mamelons sont également plus foncés. Vers la fin de votre grossesse, du colostrum peut s'écouler de vos mamelons. Il s'agit du premier lait sécrété en fin de gestation, qui contient tous les éléments nécessaires à votre bébé. Le volume utérin augmente, ce qui peut causer des contraintes mécaniques au niveau de l'appareil respiratoire et au niveau digestif (d'où le conseil de fractionner l'alimentation, page 138).
Vos jambes sont généralement plus lourdes et gonflées : il est possible que cela soit dû à la rétention d'eau. Vous risquez également de souffrir de crampes nocturnes dans les jambes, plus rarement dans les fesses. Il se peut que ces crampes soient survenues dès le deuxième trimestre (voir page 139) mais c'est surtout au troisième trimestre que la plupart d'entre vous en souffrent. Les crampes sont des contractions involontaires des muscles provoquées par une accumulation d'acide lactique. Elles peuvent aussi avoir d'autres causes : un déséquilibre minéral (manque de calcium, de sodium, de potassium), une hydratation insuffisante, le poids de l'utérus qui augmente la pression sur les nerfs abdominaux et les vaisseaux sanguins, la mauvaise circulation sanguine causée par l'augmentation du volume de sang et par la pression de l'utérus sur les vaisseaux sanguins ou encore l'inactivité. Vous êtes enceinte, pas malade, alors à moins d'être alitée, bougez !

7e MOIS

MANGEZ ENCORE PLUS DE PROTÉINES, ANIMALES OU VÉGÉTALES

Votre bébé grandit et a besoin de toujours plus de protéines pour construire ses tissus. Votre corps aussi a besoin de protéines afin d'accueillir sa croissance. Augmentez votre part d'aliments protéinés au cours des repas, au moins de 20 g, ou ajoutez un œuf de plus à votre petit déjeuner du matin. Éventuellement, prenez en collation du matin un œuf dur ou une tranche de jambon cuit sans nitrate ni nitrite.

Ma petite astuce

Si vous êtes sujette à la rétention d'eau, sachez que les légumes consommés le soir, et surtout s'ils sont crus, la favorise. Dans ce cas, je vous conseille de manger une minuscule part de légumes, accompagnée d'une très grosse part de poisson ou produit de la pêche au dîner, pour booster votre apport de protéines.

DÎNEZ DIGESTE

Les remontées acides dont beaucoup d'entre vous souffrent au dernier trimestre de grossesse nécessitent de manger un repas très digeste le soir. À ce titre, privilégiez le poisson à la viande, ne consommez pas de fritures, évitez de surconsommer des aliments acides ou trop épicés.

Dernière recommandation, le soir, ne buvez pas d'eau gazeuse, ne mangez pas liquide (donc pas de soupe) et ne buvez pas à table.

PRENEZ DES PROBIOTIQUES

Prendre des probiotiques est nécessaire pour plusieurs raisons.

La première raison est de limiter le risque de prééclampsie. J'ai déjà évoqué la prééclampsie (ou toxémie gravidique) page 60. C'est une maladie qui survient généralement au 3e trimestre de la grossesse. Elle se manifeste par une hypertension et la présence de protéines dans l'urine, des œdèmes et une prise de poids associée. Elle est due à un mauvais fonctionnement du placenta, qui n'est pas assez bien vascularisé et produit alors des protéines. Les causes de cette pathologie restent inconnues, mais les facteurs de risque sont nombreux et parmi eux se trouvent le surpoids et le diabète gestationnel (voir page 59). Les femmes qui souffrent d'une prééclampsie sont exposées à plusieurs risques majeurs : l'éclampsie, une crise convulsive associée à une hypertension artérielle (qui peut survenir au dernier trimestre de la grossesse, pendant le travail, ou après l'accouchement), l'hématome rétroplacentaire, l'œdème pulmonaire, une hémorragie, une insuffisance rénale aiguë, des troubles de la coagulation, pouvant vous mettre en danger. Votre bébé peut manquer d'oxygène et de nutriments, ce qui provoque des risques pour son développement. Il peut aussi souffrir pendant le travail ou les premiers jours de vie. Des cas de mort *in utero* ont aussi été recensés. En fonction du terme de la grossesse, le médecin peut décider de déclencher l'accouchement.

Bon à savoir

Les signes qui doivent alerter d'une prééclampsie
Vous faites des œdèmes, vous souffrez de violents maux de tête, votre visage, vos mains et vos pieds se mettent à gonfler soudainement, vous avez des troubles visuels ou ressentez des douleurs juste en dessous des côtes.

Contre l'hypertension artérielle et la prééclampsie, la première prévention est de suivre certains objectifs déjà évoqués précédemment, notamment et en tout premier lieu de consommer au quotidien des aliments riches en calcium (voir les objectifs page 16 et page 42). Certaines études montrent que la prise de suppléments de calcium peut réduire l'hypertension de la grossesse de 70 %, et la prééclampsie de 60 %. Mais la supplémentation ne doit être envisagée qu'en cas de carence. Pensez aussi à manger des légumes à chaque repas ainsi que des oléagineux, une poignée par jour par exemple, car ils sont riches en potassium, un minéral qui participe à réguler la tension à la baisse. Les aliments à haute teneur en fibres (légumes, céréales à grains entiers, légumineuses) ont également démontré leur efficacité pour réduire le risque de prééclampsie[40]. Côté graisses, les oméga-3 et l'acide linoléique conjugué (CLA), pris sous forme de suppléments, réduisent également le risque de prééclampsie et d'hypertension induite par la grossesse[41].
Concernant la consommation de probiotiques, des chercheurs norvégiens qui ont analysé les données de plus de 70 000 grossesses, ont mis en évidence que les probiotiques, consommés au cours du dernier trimestre pourraient réduire les risques de prééclampsie et de naissance prématurée. Des probiotiques sont vendus sous forme de capsules en pharmacie.

La deuxième raison est que cela peut limiter le risque de colite du nouveau-né. La supplémentation en probiotiques multisouches à fortes doses chez les femmes en fin de grossesse et allaitantes influence la composition du lait maternel, selon une étude très sérieuse. Sur les 66 participantes, les nourrissons des mamans supplémentées en ont retiré des bénéfices immunitaires et moins de troubles gastro-intestinaux[42].

MANGEZ ET BUVEZ FERMENTÉ

Ce conseil est lié aux mêmes raisons que celles évoquées pour la prise de probiotiques. Vous pouvez aussi envisager d'enrichir votre flore en buvant du kéfir de lait, une boisson fermentée originaire de l'Europe de l'Est (Caucase, Balkans), désormais très populaire, que vous pouvez faire vous-même en quelques minutes. La fermentation du kéfir est réalisée par différents micro-organismes : des levures comme celles qui fabriquent de l'alcool (*Saccharomyces*), des bactéries lactiques (lactocoques, lactobacilles, streptocoques, etc.) et des bactéries acétiques (*Acetobacter*). Tous ces micro-organismes vivent en symbiose.

POUR
1 litre

PRÉPARATION
5 minutes

PAUSE
24 heures

KÉFIR DE LAIT

Ingrédients

- 1 l de lait entier, cru ou pasteurisé (de préférence de chèvre ou de brebis)
- 1 c. à s. de grains de kéfir

Mettez le lait dans un bocal ou une bouteille en verre, ajoutez les grains de kéfir de lait (ne fermez pas entièrement le bocal pour que les grains respirent).

Gardez la préparation à température ambiante et remuez de temps en temps si vous pouvez. Au bout de 24 h environ (36 h maximum), le lait doit avoir coagulé et les grains être remontés à la surface. Il faut séparer les grains avec un chinois.

Passez-les sous l'eau. Conservez-les au frigo dans un pot entrouvert avec de l'eau et un peu de sucre. Il est possible de réutiliser indéfiniment ces grains. Rincez l'eau des grains de kéfir toutes les deux semaines.

Placez le lait au frigo jusqu'à consommation.

Astuce Vous pouvez boire votre kéfir nature ou bien vous en servir en cuisine pour remplacer le lait lorsque vous cuisinez.

Il existe également du **kéfir de fruits**. Celui-ci étant plus sucré, si vous souhaitez en consommer, je vous recommande de diviser l'apport de sucre par 4 par rapport aux recettes de base que vous trouvez.

Le kombucha ou « champignon de Mandchourie » est intéressant au même titre que les kéfirs. Dans ce cas, au lieu d'acheter des grains de kéfir, achetez une mère de kombucha pour réaliser votre boisson fermentée et un bon thé. Vous trouverez de nombreuses recettes sur Internet. En général, lorsque vous achetez la mère, vous recevez une recette avec.

Les légumes fermentés sont également une autre manière d'enrichir votre flore intestinale. Vous pouvez en acheter déjà prêts comme la choucroute crue. Mais vous pouvez aussi en faire vous-même. C'est très simple.

POUR
1 bocal

PRÉPARATION
15 minutes

CORNICHONS MARINÉS
FAÇON SLAVE OU *OGURKI KISZONE*

Ingrédients

- 6 cornichons
- Plusieurs branches d'aneth du jardin (les grains vont donner la saveur)
- 1 racine de raifort (facultatif)
- 35 g de sel
- 1 c. à s. de sucre roux
- 1 l d'eau

Dans un saladier, versez de l'eau en quantité légèrement supérieure à celle du bocal que vous utiliserez pour vos cornichons. Salez-la abondamment. Ajoutez le sucre.

Dans le bocal, alternez cornichons et branches d'aneth (ce sont les branches d'aneth qui permettent aux cornichons de ne pas remonter à la surface).

Couvrez d'eau du saladier. Positionnez la racine de raifort au milieu.

Fermez le bocal, conservez-le dans une pièce sombre et fraîche (une cave est l'idéal) et attendez plusieurs jours avant de consommer.

POUR
2 à 3 parts

PRÉPARATION
10 minutes

PAUSE
24 heures

PICKLES DE LÉGUMES

Ingrédients

- 100 g de légumes (oignons doux, oignons rouges, betteraves rouges, radis, concombres)
- 100 ml d'eau
- 20 ml de vinaigre de riz
- 10 ml de vinaigre balsamique
- 1 c. à c. de gros sel
- Grains de poivre
- Grains de moutarde
- 4 épices

Tranchez les légumes en rondelles ou en lamelles.

Préparez la saumure. Pour cela, portez à ébullition l'eau avec les vinaigres et le sel.

Dans un plat, disposez les légumes, les grains de poivre et de moutarde, les épices et versez la saumure chaude dessus.

Laissez refroidir puis réfrigérez au moins 24 heures.

POUR
8 parts

PRÉPARATION
10 minutes

CUISSON
10 minutes

PAUSE
24 heures

PICKLES DE GERMES DE HARICOTS MUNGO

Ingrédients

- 500 g de germes de haricots mungo
- 80 g de carotte
- 100 g de céleri-rave
- 1 branche de poireau (utiliser seulement le vert)
- 3 cm de gingembre frais
- ½ l de vinaigre blanc
- 1 l d'eau chaude
- 1 gousse d'ail
- 1,5 c. à c. de sel

Rincez et faites tremper les germes de haricots mungo dans un grand récipient. Enlevez les capuchons verts des têtes de haricots mungo.

Hachez l'ail et le gingembre.

Coupez le vert du poireau, la carotte et le céleri-rave en julienne.

Faites chauffer l'eau dans une casserole sans attendre l'ébullition. Versez le sel et mélangez. Laissez tiédir. Puis versez le vinaigre blanc dans l'eau. Réservez.

Remplissez les pots avec l'ail, le gingembre et les légumes, en tassant bien mais sans les casser.

Versez l'eau vinaigrée dans les pots en veillant à bien immerger complètement le contenu. Fermez hermétiquement les pots et gardez au frais. Attendez au minimum 24 heures avant de consommer. Conservés au frais, ils se gardent une semaine une fois ouverts.

LES BIENFAITS DES GRAINES GERMÉES

Elles regorgent de nutriments, d'énergie et de vitalité ! Les graines germées possèdent beaucoup plus de vitamines et de minéraux que leurs versions non germées. Chaque graine possède en elle le potentiel énergétique pour faire naître une plante ou un arbre entier, elles sont donc de véritables condensés de vie. Elles sont riches en vitamines B, C, A, E, D, K, minéraux (phosphore, calcium, magnésium, potassium, fer…), antioxydants, acides aminés et fibres alimentaires. **Elles contiennent notamment de la cellulose tendre, très bénéfique pour la flore intestinale.**

Petit plus non négligeable à ce stade de la grossesse : les enzymes qu'elles renferment participent à la digestion de votre bol alimentaire. Vous pouvez les acheter directement germées et prêtes à l'emploi (en magasin bio et parfois en rayon bio des supermarchés) ou vous procurer des pousses et les faire germer vous-même (des kits se trouvent en magasin bio). Mieux vaut consommer les graines germées crues, car elles conservent ainsi toutes leurs vitamines. Certaines nécessitent une légère cuisson car leur coque est un peu dure.

Il existe des graines de légumes et de fines herbes (alfalfa, radis, carotte, brocoli, fenouil, basilic, persil…), d'oléagineux (tournesol, sésame, amande, noisette…).

Avant de manger les graines, pensez à les faire tremper. Vous pouvez les consommer sur des salades, des tartines, dans des soupes et potages, des omelettes, des jus de légumes, des gratins…

INTÉGREZ LE BOUILLON D'OS À VOTRE ROUTINE HEBDOMADAIRE

Le bouillon d'os est un aliment qui fournit plusieurs nutriments :

• le collagène qui est une protéine de structure. À ce stade de la grossesse, il est intéressant pour soutenir le squelette ainsi que la peau et les cheveux, il favorise une meilleure digestion en ayant une action favorable sur le tube digestif. Pendant toute votre grossesse et ensuite pendant l'accouchement, vos tendons, vos ligaments, votre peau, etc. sont très sollicités et le collagène contenu dans le bouillon d'os vous permet de réparer toutes les conséquences de ces sollicitations. Petit plus, il participe à limiter la perte de cheveux, ce qui est l'une des grandes angoisses des jeunes mamans après l'accouchement. Le collagène répare la fibre capillaire, épaissit la matière des cheveux, apporte de l'hydratation et gaine la couche externe du cheveu ;

• la glutamine (acide aminé présent dans le collagène) et l'arginine (acide aminé) qui aident aussi à la santé des cheveux. La glutamine aide en plus à réparer et à maintenir les parois de l'intestin, en particulier de l'intestin grêle, ce qui est particulièrement intéressant pour une meilleure digestion et tolérance des aliments ;
• la glycine, un acide aminé non essentiel qui peut aider à sécréter l'acide gastrique qui contribue à réduire l'incidence de reflux gastrique et d'indigestion. Elle joue également un rôle digestif en aidant à décomposer les graisses au cours du processus digestif ;
• la niacine (vitamine B3), qui est importante pour la conversion de la nourriture en énergie, mais qui soutient également le système digestif, la peau et la fonction nerveuse. Une étude a fait le lien entre des taux sanguins de niacine élevés pendant la grossesse et une meilleure peau chez les bébés à l'âge de 12 mois ;
• du calcium, du magnésium, du phosphore, du silicium, du soufre et du potassium, et des vitamines A et K2, ce qui est très intéressant pour votre bébé et vous. Rappelez-vous qu'il est toujours préférable de récupérer vitamines et minéraux au sein de leur matrice naturelle, c'est-à-dire l'aliment, que dans des suppléments nutritionnels.

Bon à savoir

Grâce aux aliments tels que le bouillon d'os, le kéfir, le kombucha, les probiotiques et les légumes fermentés, votre organisme sera plus apte à digérer la nourriture et absorber les nutriments. Cela favorisera votre bien-être ainsi que celui de votre bébé. Cela va aussi naturellement améliorer la qualité et la quantité de votre lait maternel, qui à son tour, transmet des éléments nutritifs à votre bébé.

POUR
7 à 8 parts

PRÉPARATION
10 minutes

CUISSON
9 à 24 heures

BOUILLON D'OS

Ingrédients

- 1 kg d'os de bœuf de très bonne qualité ou une carcasse de poulet
- 1 oignon
- 2 carottes
- 2 branches de céleri
- 2 c. à s. de vinaigre de cidre
- 1 c. à c. de gros sel
- 1 c. à c. de poivre noir
- 2 gousses d'ail

Placez les os dans un grand faitout. Recouvrez d'eau et ajoutez le vinaigre. Laissez reposer une trentaine de minutes.

Épluchez les légumes, lavez-les et coupez-les grossièrement. Mettez tous les ingrédients dans le grand faitout. Salez, poivrez. Portez à ébullition. Une fois à ébullition, écumez les impuretés (mousse) à la surface jusqu'à ce qu'il n'y en ait plus.

Laissez cuire au moins 9 heures à couvert à toutes petites ébullitions pour une carcasse de poulet et 24 h pour des os de bœuf (c'est le temps nécessaire pour extraire le collagène et tous les nutriments nécessaires). Rajoutez de l'eau en cours de cuisson si nécessaire.

Retirez du feu et laissez refroidir légèrement. Filtrez à l'aide d'une passoire fine en métal pour enlever tous les morceaux d'os et de légumes.

Une fois refroidi, conservez-le au réfrigérateur. Vous pourrez le garder pendant 4 à 5 jours. Si vous souhaitez le conserver plus longtemps, vous pouvez le congeler.

Astuce Vous pouvez choisir d'utiliser les os de votre choix ou même des arêtes de poisson et d'y ajouter les légumes et les épices de votre choix selon vos goûts. Plus votre bouillon est riche en collagène et a un aspect gélatineux, plus il sera bénéfique.

9e MOIS

EN ATTENDANT BÉBÉ, PRÉPAREZ-VOUS POUR L'ALLAITEMENT

Bébé est bientôt là. Si vous avez décidé de l'allaiter, il est important de préparer cette période dès maintenant. Je souhaite seulement lister ici les aliments à privilégier et ceux à éviter pour une meilleure lactation. Pour certains, des études ont mis en évidence leurs propriétés galactogènes. Pour d'autres, ce sont simplement des astuces venues de nos grands-mères, d'ici ou d'ailleurs mais dont l'expérience a montré l'efficacité.

BUVEZ BEAUCOUP

Petit rappel, vous devez boire au moins 2 litres d'eau par jour, idéalement 3 litres car le lait maternel contient 80 % d'eau. Cet apport d'eau peut se faire sous forme d'infusions, chaudes ou glacées. Préparez-en un litre que vous gardez dans un thermos.
Certaines infusions sont à favoriser pour leur effet galactogène, qui stimule la production d'œstrogène et de prolactine, nécessaires à la production de lait :

• infusions de gingembre ;
• infusions de fenouil (graines) et d'anis. Les deux apaisent également les coliques et facilitent la digestion. Si vous n'aimez pas le fenouil sous cette forme, vous pouvez aussi profiter de ses bienfaits en le mangeant (voir recette ci-contre) ;
• infusions de fenugrec mais seulement une fois après avoir accouché. En effet, le fenugrec est déconseillé pendant la grossesse car il est susceptible d'engendrer des malformations néonatales ;
• infusions de chardon-Marie.

Parmi les autres boissons, le malt d'orge et la bière – à base de racines de plantes naturelles, sans alcool et riches en malt – sont également conseillés.

POUR
1 part

PRÉPARATION
5 minutes

CUISSON
40 minutes

FENOUIL BRAISÉ

Ingrédients

- 1 bulbe de fenouil
- 1 c. à s. d'huile d'olive
- 1 c. à s. de vinaigre balsamique
- 1 pincée de sel
- 1 pincée de poivre

Nettoyez le fenouil en retirant les feuilles les plus dures. Lavez-le soigneusement et émincez-le grossièrement.

Dans une poêle, faites chauffer de l'huile d'olive. Faites-y dorer le fenouil à feu assez vif. Quand il commence à être bien doré, ajoutez environ 10 cl d'eau, baissez le feu et laissez cuire une bonne demi-heure.

Il ne doit plus rester de liquide à la fin de la cuisson. S'il en manque, en cours de cuisson, ajoutez-en. Juste avant de servir, déglacez la poêle avec une cuillerée à soupe de vinaigre balsamique. Assaisonnez et servez.

QUELQUES ASTUCES EN CUISINE

Saupoudrez vos salades de levure de bière et utilisez-la comme exhausteur de goût dans vos plats en sauce.

Agrémentez vos plats de cumin comme recommandé dans la médecine ayurvédique, la médecine traditionnelle indienne. Vous pouvez l'utiliser en graines ou en poudre. Riche en fer et en magnésium, en potassium, le cumin est aussi antalgique et anti-inflammatoire. On retrouve souvent l'association du fenouil, de l'anis et du cumin dans les tisanes d'allaitement pour la lactation mais aussi parce que cette association aiderait également à soulager les douleurs liées aux coliques du nourrisson. Le cumin est très bon sur des carottes sautées.

Ajoutez une cuillerée à café de poudre de moringa par jour, voire deux, à votre alimentation : dans une boisson, un lait végétal froid ou chaud, dans une vinaigrette, une sauce. On peut également le consommer en tisane, en utilisant des feuilles entières. Le moringa est, de plus, très riche en vitamines et minéraux.

Parsemez vos salades, soupes et omelettes de jeunes pousses d'alfalfa et de fenugrec (voir les avantages des graines germées, page 154).

Ajoutez de l'ail à tous vos repas : en plus de vous aider dans votre allaitement, il donnera du goût à tous vos plats !

Mangez des carottes ou buvez un jus de carotte. Les carottes sont riches en bêta-carotène, qui est un élément nécessaire pendant l'allaitement. C'est pour cette raison que les graines de carottes ont été utilisées depuis longtemps en tant que galactogènes.

Bon à savoir

Dans les derniers mois de la grossesse, le jus de carottes consommé en bonne quantité est un facteur de réduction du risque de fièvre puerpérale après l'accouchement. Également, les mères allaitantes auront grand intérêt à boire du jus de carottes, correctement préparé, de façon à optimiser la qualité de leur lait.

Râpez de la papaye verte dans vos salades (voir recette page 162). Une papaye pas encore mûre contient une grande quantité d'enzymes et de vitamines A, B, C et E, qui sont des éléments nécessaires à la lactation.

Dans vos plats, ajoutez de l'aneth (tout simplement mélangé à de la crème fraîche pour accompagner par exemple un poisson), du basilic (voir recette ci-contre), de la marjolaine (excellente dans les vinaigrettes ou les plats en sauce comme les ragoûts) et du carvi (avec des carottes à la crème, dans les marinades pour du poulet ou une autre viande).

POUR
2 portions

PRÉPARATION
5 minutes

VINAIGRETTE AU BASILIC

Ingrédients

- 50 ml d'huile d'olive
- 20 ml de vinaigre balsamique
- ½ citron
- 20 feuilles de basilic
- 1 grosse pincée de sel
- 1 pincée de poivre

Dans un bol, déposez les pincées de sel et de poivre.

Ajoutez le vinaigre balsamique.

Mélangez avec un fouet, tout en ajoutant l'huile, puis le jus du demi-citron.

Ajoutez en dernier le basilic finement ciselé.

POUR
2 parts

PRÉPARATION
20 minutes

SALADE DE PAPAYE VERTE ET CAROTTE

Ingrédients

- 1 carotte
- 1 papaye
- 1 tomate
- 1 gousse d'ail
- 1 citron
- 3 c. à s. de sauce nuoc-mâm
- Facultatif : un petit piment rouge

Râpez la carotte et la papaye (attention à ôter les graines qui sont très amères).

Pressez le citron.

Dans un mortier, écrasez la gousse d'ail, éventuellement le petit piment et la tomate.

Versez dans un saladier. Ajoutez la sauce nuoc-mâm et le jus du citron. Écrasez encore.

Ajoutez la papaye et la carotte râpée. Mélangez.

CONTINUEZ À MANGER DE BONNES GRAISSES

Une femme enceinte a besoin de bonnes graisses pour influencer la composition lipidique du lait maternel. Les graisses de bonne qualité contenues dans le lait participent grandement au métabolisme cellulaire et neuronal du bébé. Continuez à manger des poissons gras de petite taille, des poignées d'oléagineux, à ajouter de l'huile d'olive et de colza sur vos plats, etc. Ne perdez pas ces réflexes acquis au cours de la grossesse.

Bon à savoir

Si certains aliments favorisent la production du lait maternel, d'autres au contraire diminuent la lactation. Évitez le persil, la menthe, la sauge, l'oseille, l'artichaut.

UNE SEMAINE DE MENUS SPÉCIAL TROISIÈME TRIMESTRE

LUNDI	MARDI	MERCREDI	JEUDI	VENDREDI	SAMEDI	DIMANCHE
• 1 jus de carotte • 1 infusion • Œufs brouillés à la crème (p. 107) • Quelques oléagineux	• 1 jus de carotte • 1 verre de kéfir • 1 œuf coque • 1 bol de baies rouges • 1 yaourt à la grecque	• 1 jus de carotte • 1 verre de kéfir • Muesli maison (avec flocons de sarrasin et oléagineux et abricots secs) + lait de coco	• 1 jus de carotte • 1 verre de kéfir • Pain aux oléagineux (p. 52) • Beurre cru bio	• 1 jus de carotte • 1 verre de kéfir • 1 tranche de pain complet au levain • Œufs au plat, jambon blanc ou cru (sans nitrate ni nitrite) • Quelques oléagineux	• 1 jus de carotte • 1 verre de kéfir • Pancakes à la poudre d'amande ou aux flocons de sarrasin • Purée de noisette	• 1 jus de citron • 1 verre de kéfir • 1 part de carrot cake aux amandes, glaçage à la crème (p. 99)
• Escalope de veau poêlée • Courgettes en salsa verde (p. 18) • 1 carré de chocolat noir	• 1 bouillon d'os (p. 156) • Poulet rôti • Concombres marinés • Fenouil braisé	• 1 bouillon d'os (p. 156) • Aubergine farcie • Tagliatelles de radis noirs	• 1 bouillon d'os (p. 156) • Poivrons confits à l'huile • Tajine Bid et maticha (p. 35)	• 1 bouillon d'os (p. 156) • Salade B9 (p. 28) • Filet de merlan en papillote • Gratin de chou-fleur (p. 109)	• 1 bouillon d'os (p. 156) • Poulet rôti • Pickles de légumes (p. 152)	• 1 bouillon d'os (p. 156) • Magret de canard au four • Salade de papaye verte et carotte (p.162)
• Poulpe aux légumes grillés (p. 124) • 1 carré de chocolat noir	• Pousses d'épinards en salade (p. 100) • Dos de cabillaud accompagné de tapenade d'olives noires • 1 carré de chocolat noir	• Poke bowl riche en choline (p. 137) • 1 carré de chocolat noir	• Écrasé de sardines (p. 130) • Salade endives, noix, pomme, vinaigrette au basilic • 1 carré de chocolat noir	• Huîtres gratinées au parmesan (p. 111) • Pousses d'épinards en salade (p. 100) • 1 carré de chocolat noir	• Purée de lentilles corail (p. 134) parsemée de graines germées • Seitan • Salade verte	• Salade composée anchois, œuf dur, concombre, jeunes pousses • 1 carré de chocolat noir

CONCLUSION

Un petit être grandit en vous. En vous se forment ses bras, ses jambes, son visage, son cerveau… Quel que soit votre mode de vie, quelle que soit votre alimentation, ce développement aura lieu. Mais pour que celui-ci se passe au mieux et pour que votre bébé bénéficie d'une bonne santé, vous avez un rôle actif à jouer au cours de votre grossesse. J'espère que ce livre vous a aidée à le comprendre et vous a donné les clés nécessaires pour y parvenir. Vous n'êtes bien sûr pas responsable de tous les événements qui se produisent lors du développement de votre bébé mais l'influence des actions que vous allez mettre en place pendant votre grossesse est indéniable.

Bien manger est une chose primordiale. Mais vous pouvez faire plus. Car c'est tout votre mode de vie qui peut avoir un impact sur votre santé et celle de votre bébé durant cette période. Sauf contre-indication médicale, l'*American College of Obstetrics and Gynecology* recommande trente minutes ou plus d'exercice par jour, la plupart ou même tous les jours de la semaine pour aider à réduire les complications liées à l'excès de poids, en plus de soutenir la santé et le mieux être en général.

Le stress émotionnel pendant la grossesse peut affecter le développement du fœtus – particulièrement de son cerveau – à n'importe quel stade de la grossesse. Le stress quotidien fait certes partie de la vie moderne, mais un stress chronique élevé peut faire augmenter le risque de naissances prématurées et de bébés de petit poids. Il est donc essentiel de prendre soin aussi de votre psychisme pendant cette période importante de la vie. Apprendre à gérer votre stress et le réduire favorisera aussi une grossesse saine et un bébé en santé.

À vous de jouer. Quant à moi, il ne me reste plus qu'à vous souhaiter une belle grossesse et une vie de maman épanouie !

ANNEXES

SOURCES ALIMENTAIRES DES PRINCIPAUX MINÉRAUX ET VITAMINES

VITAMINES LIPOSOLUBLES (QUE L'ON TROUVE DANS LES GRAISSES)

Vitamine E : huiles de germe de blé, de foie de morue (à éviter pendant la grossesse), de noisette, de colza, d'avocat, amandes, noix du Brésil, pignons de pin, arachides, avocat, sardines, anguilles, beurre, œuf.

Vitamine A : abats de dinde et de poulet, foie de bœuf (attention aux abats et au foie durant la grossesse), produits laitiers, poissons. Parmi les aliments qui sont de bonnes sources de caroténoïdes qui seront transformés en vitamine A dans le corps : épinards, chou vert frisé, chou kale, chou pak-choï, carotte, courges (de manière générale les légumes vert foncé ou jaune orangé).

Vitamine K2 : abats (foies de veau, de bœuf ou de porc, à éviter pendant la grossesse), produits laitiers fermentés (fromages affinés, yaourts), choucroute, natto, jaune d'œuf cru, chocolat noir.

Vitamine K1 : avant tout dans les légumes vert foncé, tels qu'épinards, brocolis, choux, haricots verts, et poireaux, les algues, et dans une moindre mesure dans les huiles végétales (olive, colza, soja...).

Vitamine D : poissons gras (hareng, maquereau, sardine, saumon), œufs, huile de foie de morue (à éviter pendant la grossesse), foie de morue (à éviter pendant la grossesse), champignons maitake, abats (foie, à éviter pendant la grossesse).

Sans compter que de manière générale toutes les graisses pures sont des sources intéressantes de vitamines liposolubles.

VITAMINES HYDROSOLUBLES (PRÉSENTES DANS LES ALIMENTS CONTENANT DE L'EAU)

Vitamine C : citron principalement, baies, papaye mais aussi crucifères, poivrons, tomates, salades, épinards et légumes en général. Essentiellement s'ils sont crus et frais. On trouve de la vitamine C aussi dans le foie (mais déconseillé pendant la grossesse).

Vitamine B1 : viandes (surtout porc), volailles, poisson, levure de bière, graines de soja, graines de tournesol, graines de pavot, noix de macadamia, de pécan, du Brésil, pistaches.

Vitamine B2 : plus abondante dans les aliments d'origine animale, à savoir produits laitiers, abats, œufs, poissons et viandes. Parmi les végétaux : levure de bière, algues, légumes de couleur verte, amandes.

Vitamine B3 : particulièrement abondante dans certains aliments d'origine animale comme abats, œufs, volailles, viandes et poissons gras. Dans les végétaux : cacahuètes, levure de bière, champignons, amandes, graines de sésame.

Vitamine B5 : presque tous les aliments en contiennent, mais les abats, les œufs, les volailles, les viandes, la gelée royale, les champignons et certains fromages en sont particulièrement riches.

Vitamine B6 : foie, dinde, poissons gras, poulet, pistache, graines de sésame, graines de tournesol, germe de blé, champignons shiitakes, levure de bière, chou-fleur.

Vitamine B8 : abats, levure de bière, amandes, noix, soja, jaune d'œuf, brie, bacon.

Vitamine B9 : abats, soja, brocoli, graines de tournesol, graines de lin, noix, noisettes, épinards crus, gombos et légumes verts en général.

Vitamine B12 : viande, poisson, abats. Il y en a aussi dans les œufs et les produits laitiers.

PRINCIPAUX MINÉRAUX

Potassium : tous les légumes, graines et noix oléagineuses, chocolat noir. Il y en a un peu dans les eaux minérales.

Magnésium : tous les légumes, graines et noix oléagineuses, chocolat noir ainsi que les eaux minérales.

Calcium : graines et noix oléagineuses, sardines avec les arêtes, poissons gras en général, eaux minérales, produits laitiers.

Fer : viande et poisson en priorité pour le fer héminique. Pour le fer non héminique : œufs, soja, germe de blé, poudre de cacao 100 %, brocoli, olives, blettes, algues. Le fer non héminique, pour être bien absorbé, doit être associé à un aliment riche en vitamine C.

CLASSEMENT DES PRODUITS ANIMAUX SELON LEUR RICHESSE EN GRAISSES

LES VIANDES

VIANDES BLANCHES	VIANDES ROUGES
Veau Lapin Volaille avec la peau Les viandes blanches sont à privilégier car la viande rouge en excès est associée à une augmentation du risque de certains cancers.	Bœuf Porc Agneau Cheval Mouton Abats Gibier

Si vous aimez manger de belles portions de viande, compte tenu du fait que l'apport en protéines est étroitement surveillé, je vous conseille de choisir des morceaux gras. Ainsi vous aurez des morceaux plus gros dans l'assiette. Si la viande est de qualité, le gras de la viande le sera aussi.

VIANDES MAIGRES (MOINS DE 5 % DE LIPIDES)	VIANDES MI-GRASSES (ENTRE 5 ET 15 % DE LIPIDES)	VIANDES GRASSES (PLUS DE 15 % DE LIPIDES)
Cheval : toute la bête ! Bœuf : bifteck, faux-filet, steak haché 5 % M.G. Porc : filet Veau : escalope, filet Volaille : dinde (cuisse sans peau, escalope, rôti), poulet (escalope) Lapin	Bœuf : flanchet, steak haché à 10 % M.G. Veau : côte, poitrine, rôti, épaule Volaille : canard, pintade, poule, poulet	Agneau : côtelette, gigot, épaule Mouton Bœuf : côte, entrecôte, steak haché 15 % M.G., steak haché 20 % M.G. Porc : côtelette, rôti, travers, échine Volaille : oie Canard : confit, magret Veau : tendrons

LES CHARCUTERIES

Dans ce tableau, vous trouverez le classement des charcuteries en fonction de leur taux de matières grasses.

MOINS DE 10 % DE M.G.	ENTRE 10 ET 20 % DE M.G.	ENTRE 20 ET 30 % DE M.G.	ENTRE 30 ET 40 % DE M.G.	PLUS DE 40 % DE M.G.
Filet de bacon Jambon cuit Jambonneau Viande des Grisons Pastrami Filet de dinde Filet de poulet	Andouille Andouillette Boudin blanc Jambon cru Coppa Fromage de tête	Mortadelle Mousse de foie de porc Pâté de campagne, de foie de volaille Saucisses cocktail et de Francfort Saucisson à l'ail Boudin noir Cervelas Chipolata cuite Lardons Merguez bœuf et mouton Saucisse de Montbéliard	Saucisson sec Saucisse de Morteau Chorizo Saucisse sèche Mousse de canard	Rillettes pur porc, pur canard, d'oie, Salami

Attention, une fois enceinte, ne consommez que des charcuteries cuites (les charcuteries crues sont à consommer uniquement durant la période avant la grossesse).

Autant que possible, achetez vos viandes et charcuteries directement chez les producteurs et évitez celles qui comportent des additifs. Certes, c'est difficile à trouver mais pas impossible et vous saurez ce que vous achetez.

LES FRUITS DE MER

Les fruits de mer regroupent les crustacés et les mollusques.

• Les crustacés : crevette, langouste, langoustine, crabe, homard, araignée de mer.

• Les mollusques : bigorneaux, buccins et escargots, huîtres, moules, palourdes et pétoncles, calamar, poulpe et seiche.

Ils apportent en moyenne 16 g de protéines, 1,5 g de lipides et 2,5 g de glucides.

LES POISSONS

POISSONS MAIGRES (MOINS DE 5 % DE LIPIDES)	POISSONS MI-GRAS (ENTRE 5 ET 10 % DE LIPIDES)	POISSONS GRAS (PLUS DE 10 % DE LIPIDES)
Aiglefin	Bar	Barbue d'élevage d'Amérique
Cabillaud	Espadon	Éperlan
Dorade	Panga	Esturgeon
Doré	Raie	Hareng
Flétan du Groenland	Requin	Maquereau
Lieu	Tilapia	Omble
Lotte	Vivaneau	Sardine
Merlan		Saumon frais ou fumé
Merlu		Thon
Mérou		Truite
Morue fraîche		
Perche du Nil		
Rouget		
Saint-Pierre		
Sébaste		
Sole		
Turbot de l'Atlantique		

FÉCULENTS À INDEX GLYCÉMIQUE BAS

Les féculents qui impactent le moins la glycémie sont : le riz complet, la patate douce, les céréales à grains entiers (épeautre, sarrasin par exemple), les légumineuses. Moins ils sont broyés, mixés, raffinés, mieux c'est. Donc mieux vaut des pois chiches qu'une farine de pois chiche, par exemple.

RÉFÉRENCES BIBLIOGRAPHIQUES

1 Advancing Early Childhood Development: from Science to Scale. An Executive Summary for The Lancet's Series. *The Lancet*, 4 oct. 2016. https://els-jbs-prod-cdn.jbs.elsevierhealth.com/pbassets/Lancet/stories/series/ecd/Lancet_ECD_Executive_Summary-1507044811487.pdf

2 Thomas R, Wang W, Su DM. Contributions of age-related thymic involution to immunosenescence and inflammaging. *Immun Ageing* 2020; 17: 2. doi.org/10.1186/s12979-020-0173-8

3 Derrick M *et al.* The early infant gut microbiome varies in association with a maternal high-fat diet. *Genome Medicine* 2016; 8:77.

4 https://developingchild.harvard.edu/resources/the-foundations-of-lifelong-health-are-built-in-early-childhood/

5 https://www.ameli.fr/assure/sante/themes/grossesse/alimentation-grossesse

6 Cantarella CD *et al.* Folate deficiency as predisposing factor for childhood leukaemia: a review of the literature. *Genes & Nutrition* 2017; 12(14). doi:10.1186/s12263-017-0560-8

7 Khoshnood B *et al.* Long term trends in prevalence of neural tube defects in Europe: population based study. *BMJ* 2015; 351 :h5949 doi:10.1136/bmj.h5949

8 Zareba P *et al.* Semen quality in relation to antioxidant intake in a healthy male population. Fertil Steril. 2013 Dec; 100(6): 1572-9. doi:10.1016/j.fertnstert.2013.08.032

9 Schmid TE *et al.* Micronutrients intake is associated with improved sperm DNA quality in older men. *Fertility and Sterility*. 2012; 98(5): 1130-1137. doi:10.1016/j.fertnstert.2012.07.1126

10 Priskorn L *et al.* Is Sedentary Lifestyle Associated With Testicular Function? A Cross-Sectional Study of 1,210 Men. *Am J Epidemiol*. 2016; 184(4): 284-94. doi: 10.1093/aje/kwv338

11 *Biology of Reproduction*. 2011; 85(6): 1291-1296. doi:10.1095/biolreprod.85.6.1291 via Eurekalert (AAAS) "Illinois scientists link dietary DHA to male fertility".

12 Gonzales GF *et al.* Effect of Lepidium meyenii (MACA) on sexual desire and its absent relationship with serum testosterone levels in adult healthy men. *Andrologia*. 2002; 34(6): 367-72. doi :10.1046/j.1439-0272.2002.00519.x

13 Cicero AF *et al.* Hexanic Maca extract improves rat sexual performance more effectively than methanolic and chloroformic Maca extracts. *Andrologia*. 2002; 34(3): 177-9. doi: 10.1046/j.1439-0272.2002.00490.x

14 Leslie Taylor. *Herbal Secrets of the Rainforest : Over 50 Powerful Herbs and Their Medicinal Uses.* Prima Lifestyles, 1998.

Yoshida K *et al.* Long-term feeding of hydroalcoholic extract powder of Lepidium meyenii (maca) enhances the steroidogenic ability of Leydig cells to alleviate its decline with ageing in male rats. *Andrologia*. 2018; 50(1). doi: 10.1111/and.12803

15 Brothers KJ *et al.* Rescue of obesity-induced infertility in female mice due to a pituitary-specific knockout of the insulin receptor. *Cell Metab*. 2010; 12(3): 295-305. doi:10.1016/j.cmet.2010.06.010

16 Mathews F, Johnson PJ, Neil A. You are what your mother eats: evidence for maternal preconception diet influencing foetal sex in humans. *Proc Biol Sci*. 2008; 275(1643): 1661-1668. doi:10.1098/rspb.2008.0105

17 Levine H, Swan SH. Is dietary pesticide exposure related to semen quality? Positive evidence from men attending a fertility clinic. *Hum Reprod.* 2015; 30(6): 1287-9. doi:10.1093/humrep/dev065.

18 Varberg KM *et al.* Transgelin induces dysfunction of fetal endothelial colony-forming cells from gestational diabetic pregnancies. *American Journal of Physiology-Cell Physiology* 2018; 315(4): C502-C515. doi:10.1152/ajpcell.00137.2018

19 Williams PG. Evaluation of the evidence between consumption of refined grains and health outcomes. *Nutr Rev.* 2012 Feb; 70(2): 80-99.

20 Brownlee IA. Markers of cardiovascular risk are not changed by increased whole-grain intake: the WHOLE heart study, a randomised, controlled dietary intervention. *Br J Nutr*. 2010 Jul; 104(1): 125-34.

21 Shukla AP *et al.* Carbohydrate-last meal pattern lowers postprandial glucose and insulin excursions in type 2 diabetes. *BMJ Open Diabetes* Res Care. 2017; 5(1): e000440. doi: 10.1136/bmjdrc-2017-000440

22 Shukla AP *et al.* Food Order Has a Significant Impact on Postprandial Glucose and Insulin Levels. *Diabetes Care*. 2015 Jul; 38(7): e98-9. doi: 10.2337/dc15-0429.

23 Dipietro L *et al.* Three 15-min Bouts of Moderate Postmeal Walking Significantly Improves 24-h Glycemic Control in Older People at Risk for Impaired Glucose Tolerance. *Diabetes Care*. 2013 Oct; 36(10): 3262-8. doi: 10.2337/dc13-0084.

24 Nettleton JE *et al.* Maternal low-dose aspartame and stevia consumption with an obesogenic diet alters metabolism, gut microbiota and mesolimbic reward system in rat dams and their offspring *Gut* 2020; 69: 1807-1817.

25 Workalemahu T *et al.* Differential DNA Methylation in Placenta Associated With Maternal Blood Pressure During Pregnancy. *Hypertension*. 2020; 75(4): 1117-1124. doi:10.1161/HYPERTENSIONAHA.119.14509

26 Kamat A *et al.* Moderate global reduction in maternal nutrition has differential stage of gestation specific effects on {beta}1- and {beta}2-adrenergic receptors in the fetal baboon liver. *Reprod Sci.* 2011; 18(4): 398-405. doi:10.1177/1933719110386496.

27 Orloff NC, Hormes JM. Pickles and ice cream! Food cravings in pregnancy: hypotheses, preliminary evidence, and directions for future research. *Front Psychol*. 2014; 5: 1076.

28 Nuttall FQ *et al.* Effect of the LoBAG30 diet on blood glucose control in people with type 2 diabetes. *Br J Nutr.* 2008; 99(3): 511-9. doi:10.1017/S0007114507819155.

29 Haimoto H *et al.* Long-term effects of a diet loosely restricting carbohydrates on HbA1c levels, BMI and tapering of sulfonylureas in type 2 diabetes: a 2-year follow-up study. *Diabetes Res Clin Pract.* 2008; 79(2): 350-6. doi: 10.1016/j.diabres.2007.09.009

30 James JE. Maternal caffeine consumption and pregnancy outcomes: a narrative review with implications for advice to mothers and mothers-to-be. *BMJ Evidence-Based Medicine* 2021; 26: 114-115. doi: 10.1136/bmjebm-2020-111432

31 Anderson TM *et al.* Maternal smoking before and during pregnancy and the risk of sudden unexpected infant death. *Pediatrics*. 2019 Apr; 143(4): e20183325. doi: 10.1542/peds.2018-3325

32 Mah E, Chen CO, Liska DJ. The effect of egg consumption on cardiometabolic health outcomes: an umbrella review. Public Health Nutr. 2020 Apr;23(5):935-955. doi: 10.1017/S1368980019002441. Epub 2019 Oct 10. PMID: 31599222.

33 Bray MS *et al.* Time-of-day-dependent dietary fat consumption influences multiple cardiometabolic syndrome parameters in mice. *Int J Obes* (Lond). 2010 Nov; 34(11): 1589-98. doi: 10.1038/ijo.2010.63

34 Blom WA *et al.* Effect of a high-protein breakfast on the postprandial ghrelin response. *Am J Clin Nutr.* 2006 Feb; 83(2): 211-20. doi: 10.1093/ajcn/83.2.211

35 Jousse C *et al.* Perinatal undernutrition affects the methylation and expression of the leptin gene in adults: implication for the understanding of metabolic syndrome. *FASEB J.* 2011 Sep; 25(9): 3271-8. doi: 10.1096/fj.11-181792

36 Tressou J *et al.* Very low inadequate dietary intakes of essential n-3 polyunsaturated fatty acids (PUFA) in pregnant and lactating French women: The INCA2 survey. *Prostaglandins Leukot Essent Fatty Acids.* 2019 Jan; 140: 3-10. doi: 10.1016/j.plefa.2018.11.007

37 Palmer DJ *et al.* Effect of n-3 long chain polyunsaturated fatty acid supplementation in pregnancy on infants' allergies in first year of life: randomised controlled trial. *BMJ.* 2012 Jan 30; 344: e184. doi: 10.1136/bmj.e184.

38 Albuquerque-Souza E *et al.* Maresin-1 and Resolvin E1 promote regenerative properties of periodontal ligament stem cells under inflammatory conditions. *Front Immunol.* 2020 Sep 25; 11: 585530. doi: 10.3389/fimmu.2020.585530

39 Caudill MA *et al.* Maternal choline supplementation during the third trimester of pregnancy improves infant information processing speed: a randomized, double-blind, controlled feeding study. *FASEB J.* 2018 Apr; 32(4): 2172-2180. doi: 10.1096/fj.201700692RR

40 Frederick IO *et al.* Dietary fiber, potassium, magnesium and calcium in relation to the risk of preeclampsia. *J Reprod Med.* 2005 May; 50(5): 332-44.

41 Herrera JA *et al.* Calcium plus linoleic acid therapy for pregnancy-induced hypertension. *Int J Gynaecol Obstet.* 2005 Dec; 91(3): 221-7. doi: 10.1016/j.ijgo.2005.08.018

42 Baldassarre ME *et al.* Administration of a multi-strain probiotic product to women in the perinatal period differentially affects the breast milk cytokine profile and may have beneficial effects on neonatal gastrointestinal functional symptoms. A randomized clinical trial. *Nutrients.* 2016 Oct 27; 8(11): 677. doi: 10.3390/nu8110677

INDEX DES RECETTES